国外农业丛书

主编 晋保平 张宇燕

国外的农民生活

——法国与日本

王 晶 张 蒽 编著

中国社会出版社

图书在版编目(CIP)数据

国外的农民生活:法国与日本/王晶,张蒽编著.
—北京:中国社会出版社,2006.9
(国外农业/晋保平,张宇燕主编)

ISBN 978-7-5087-1478-3

Ⅰ.国… Ⅱ.①王… ②张… Ⅲ.①农民-生活-概况-法国
②农民-生活-概况-日本 Ⅳ.D425.657②D423.137

中国版本图书馆 CIP 数据核字(2006)第 109357 号

丛 书 名:国外农业
主　　编:晋保平　张宇燕
书　　名:国外的农民生活——法国与日本
编 著 者:王　晶　张　蒽
责任编辑:张　燕

出版发行:中国社会出版社　　邮政编码:100032
通联方法:北京市西城区二龙路甲 33 号新龙大厦
电　话:(010)66080300　(010)66083600
(010)66085300　(010)66063678
邮购部:(010)66060275　电　传:(010)66051713
网　　址:www.shcbs.com.cn
经　　销:各地新华书店

印刷装订: 北京华创印务有限公司
开　　本: 140mm×203mm　1/32
印　　张: 5.375
字　　数: 130 千字
版　　次: 2006 年 9 月第 1 版
印　　次: 2014 年 7 月第 5 次印刷
定　　价: 9.00 元

建设社会主义新农村书屋

国外农业丛书

主　编：晋保平　张宇燕
副主编：赵　睿　应寅锋

总序 造就新农民 建设新农村

李学举

党的十六届五中全会作出了建设社会主义新农村的战略部署。在社会主义新农村建设过程中，大力发展农村文化事业，努力培养有文化、懂技术、会经营的新型农民，既是新农村建设取得进展的重要标志，也是把社会主义新农村建设不断推向前进的基本保证。

为落实中央的战略部署，中央文明办、民政部、新闻出版总署、国家广电总局决定，将已开展三期的“万家社区图书室援建和万家社区读书活动”由城市全面拓展到农村，“十一五”期间计划在全国三分之一以上的村委会开展农村图书室援建和读书活动，使两亿多农民由此受益，让这项造福城市居民的民心工程同时也造福亿万农民群众。中央领导同志对此十分重视，中共中央政治局委员、国务院副总理回良玉同志作出重要批示：“发展农村文化事业是新农村建设的重要内容，也是农村发展中一个亟待加强的薄弱环节。在农村开展图书室援建和读书活动，为亿万农民群众送去读得懂、用得上的各种有益书刊，对造就有文化、懂技术、会经营的新型农民，满足农民全面发展的需求，将发挥重要作用。对这项事关农民切身利益、事关社会主义新农村建设的重要活动，要精心组织，务求实效。”

中共中央政治局委员、中央书记处书记、中宣部部长刘云山同志也作出重要批示。他指出："万家社区图书室援建和万家社区读书活动，是一项得人心、暖人心、聚人心的活动，对丰富城市居民的文化生活、推动学习型社区建设发挥了重要作用。这项活动由城市拓展到农村，必将对丰富和满足广大农民群众的精神文化生活，推动社会主义新农村建设发挥积极作用。要精心组织，务求实效，把这件事关群众利益的好事做好。"

为了使活动真正取得实效，让亿万农民群众足不出村就能读到他们"读得懂、用得上"的图书，活动的主办单位精心组织数百名专家学者和政府相关负责人，编辑了"建设社会主义新农村书屋"。"书屋"共分农村政策法律、农村公共管理与社会建设、农村经济发展与经营管理、农村实用科技与技能培训、精神文明与科学生活、中华传统文化道德与民俗民风、文学精品与人物传记、农村卫生与医疗保健、农村教育与文化体育、农民看世界等10大类、1000个品种。这些图书几乎涵盖了新农村建设的方方面面。"书屋"用农民的语言、农民的话，深入浅出，使具有初中文化水平的人就能读得懂；"书屋"贴近农村、贴近农民、贴近农村生活的实际，贴近农民的文化需求，使农民读后能够用得上。

希望农村图书室援建和农村读书活动深入持久地开展下去，使活动成为一项深受欢迎的富民活动，造福亿万农民。希望"书屋"能为农民群众提供一个了解外界信息的窗口，成为农民学文化、学科技的课堂，为提高农民素质，扩大农民的视野，陶冶农民的情操发挥积极作用。同时，也希望更多有识之士参与这项活动，推动农村文化建设，关心支持社会主义新农村建设。

前　言

《国外的农民生活——法国与日本》一书是在《国外的农民生活——美国》编写之后，为了进一步拓宽农民朋友看世界的视野而精心编辑的一本书。笔者期望通过本书的编写，使广大农民朋友对国外的农民生活有更深切的体会和认识，达到用眼睛去看世界，用心去体会世界，用双手去创造自己新生活的目的。

本书主要包括两个部分，第一章至第六章是欧洲国家——法国（编者:王晶），第七章至第十二章则介绍了亚洲国家——日本（编者:张蒽）。法国、日本在经济总体发展水平上与美国一样，属于发达国家。但由于这三个国家农业发展的历史不同，各国农业耕作的环境不同，所以在农业生产、农民生活方面也表现出明显的差异。

法国是一个历史悠久的国家，从1830年开始，法国农业就走上了发展的道路。然而，直到第二次世界大战后，法国农业才开始迅速发展，并实现了农业现代化。法国是欧洲第一农业大国，也是仅次于美国的世界第二大农产品出口国。目前，法国拥有可耕土地2800万公顷，占领土总面积的55%左右。农业面积占欧盟农业总面积的23%左右。2003年，农产品总值为650亿欧元，占欧盟的23%。在农业不断发展进步的前提下，法国的农民生活也在不停地发生变化。

本书前六章从农业社会、农业现状、农民教育、社会保障、传统习俗等方面详细地向农民朋友们介绍法国农民的生活。

叙述完法国的农民生活以后，我们再将目光转向亚洲。本书之所以将日本农民的生活作为亚洲地区农民生活的代表来介绍，主要基于三方面的原因:(1)从农民生活的状况来看，日本经济发达，农民生活富裕。日本的农业生产实现了机械化、信息化，日本的农业教育为农业发展提供了人才保障和技术保障，日本农民的社会保障系统比较健全，日本农业协同组合对农民的生活和生产给予了极大的支持，同时日本农村存在着人口老龄化、劳动力不足、税收名目繁多、农产品缺乏国际竞争力等问题。而实现农业生产的现代化，让农民过上富足的生活，同时解决各方面的问题正是我国发展农业、建设社会主义新农村的努力方向，介绍日本农民生活对我们有一定的借鉴意义;(2)不论是过去还是现在，日本与我国都在政治、经济等方面发生着种种关系，我国民众对日本的政治立场、经济发展和社会现状较为关注，我国的农民也希望了解日本农民的生活状况，了解他们怎样务农，怎样生活;(3)从写作的可行性来看，研究日本农民、农业、农村的资料较多，关于亚洲其他国家农民生活的资料相对较少，因此选择介绍日本农民生活有益于全面、翔实地描述。

本书从第七章开始依次介绍了日本农民的生产情况、收入水平、家庭生活、农民教育体系、社会保障和风俗习惯等。

在介绍国外农民生活时，我们选取的国家无论美国、法国还是日本都是发达国家，并没有涉及发展中国家的农民生活，这是我们的不足之处也是我们的遗憾。期望人们对于欠发达国家的农民生活有更多的关注，进行更多的调查和研究，同时，在今后的写作中我们将努力描述更多国家的农民生活。

目　录

第一章　法国农业社会的变迁

第一节　法国农村公社的瓦解

许多人在同一块土地上耕作，在同一个村庄里建造房屋，在一起生活，这些人通过经济的、感情的联系形成了一个小社会，这就是农村公社。农村公社是传统农业社会组成的细胞，如果这个“细胞”发生了变化，整个社会也必然随之变化。

在 19 世纪中叶以前，法国的乡村人口大部分生活在与外部世界相对隔绝的农村公社里。农村公社中有集体共同所有的公有土地、森林、牧场、未开垦的土地及矮灌木丛等，这些被视为公社的集体财产。公社中的每个农民都有在休耕的土地上、已收割的田地里和第一次割草后的草场上放牧牲畜、捡拾麦穗和柴草的权利，这些被称为集体权利。公社的集体财产及集体权利构成了公社存在的基础。此外，公社内还有各种集体约束，即为个人所有但在公社地域范围内的土地，也受制于公社各种规定的限制，包括耕种法则、强制轮作、公共牧场和收获时间等等，尤其受制于公社居民集团的集体约束。

由于公社与外部相对隔绝，公社内邻居之间彼此依靠，公社成员在感情上和心理上有很强的乡土观念。法国农村公社内的社会关系也因不同成员占有财产的多寡和社会地位的不同而有所不同。大的土地所有者、官员和自由职业者居住在公社的中心，受到公社成员的普遍尊重。每个公社还有木匠、铁匠、鞋匠和磨坊主等手工业者。这些手工业者大多数同时占有或租种一块土地。手工业者的社会地位、居住位置和生活条件与农民类似，处在公社的底层。

由于受到地理环境的影响，公社的地域范围大小不一，公社里的居住结构也因地而异。一般来说可以分为两种类型，一种类似中国的村庄，许多人家居住在一个地方，周围是连成一片的土地。遍布于巴黎盆地、加龙盆地、北部和东部平原、罗纳河流域以及地中海沿岸地区的居民，他们的居住形式就是这种类型。这种居住形式因为居住的位置集中，公社内的社会联系就比较密切，他们对外面的世界也就相对的开放。另一种是分散居住的结构，居民居住在农场或小村落里边，他们大多是分布在西部和中部的高原地区。这种居住形式因为居住的位置比较分散，公社成员间的联系并不是很多，更说不上与外面世界的联系，所以相对来说比较闭塞。

随着法国经济的发展和农业的变革，原本构成坚固而延续千百年的农村公社社会共同体也发生深刻的变化。与外部经济和社会联系的加强，使公社自成一统的地理界限逐渐模糊；文化教育及城市社会影响的增长，使地方文化和习俗逐渐失去吸引力，地域观念也随之淡薄；农民新的经济活动的增长又使得公社内社会结构变得复杂。特别是大革命前因经济发展而受到冲击的公社公有土地和集体权益进一步减少，它使得农村公社共同体失去存在的基础。公有土地和集体权益之所以对农村公社那么重要，主要是因为它的存在使农村公社能够按照传统农业社会沿袭下来的经济平等的原则，一方面限制富有者的发展，另一方面为贫穷的农民提供基本的生活条件，由此支撑着以小农为基础的社会关系网络，维系着人人都有口饭吃，但不一定人人都能吃饱的传统农业社会。公有土地和集体权益的丧失，不仅意味着公社为农民提供的可以依赖的经济条件的减少，也意味着农业社会平均主义的经济准则的破坏和公社集体约束力的削弱。当资本主义的经济法则把一部分人引上富裕之路，同时把另一部分人抛向破产的困境时，公社再无力缓和或逆转这一趋势，公社的社会调节作用失灵，公社再不能像以往一样凝聚农民。破产的农民只好背井离乡流向城市，农村公社趋向解体。

第二节 法国农村人口迁移

19 世纪中叶，法国交通革命和工业化的深入进行，使迅速膨胀的城市成为一个个强大的磁场，刺激与吸引着农民走出长期蜗居的穷乡僻壤，而农业商品化生产的发展及乡村工业的衰落，使农村中的一些小农和手工业者破产，农村中的剩余人口增多，在这一系列因素的推动下，19 世纪 50~80 年代法国出现大规模乡村移民。1970 年法国农业人口为 160 万，到 2003 年农业人口已经减至 66.4 万，其中以农业为职业的经营者为 37 万人。

农村人口流向城市，在为城市提供劳动力的同时，也减轻了农村的人口压力，实现农民与土地的分离，已成为农业变化和经济发展的一个至关重要的问题。此外，农村人口向城市迁移不仅给农民提供了一个从家庭责任的束缚中解放出来、从土地中解放出来、从农村社会中解放出来的契机，促进了城乡人口结构、经济结构和社会结构的变化，而且它对禁锢农民的传统观念——小农思想是一次有力的冲击。新式移民不再是旧式小农思想的因袭者，而是城市观念的携带者。移民的影响在农村中迅速传播，返回故里的劳动者不仅告诉其同胞前所未闻的城市的事情，他们还穿回了新式服饰，带回了新的生产方式。这一切都深深影响刺激着山乡居民。

移民也促进了文化的发展和政治觉悟的提高。最初的移民多是目不识丁的文盲，只好在城里做工作艰苦、报酬又低的工作。当他们体会到读书识字在工作中的用处后，就极力希望其子女读书。1882 年多姆山省的昂贝特地区，入伍新兵中文盲很少，当地学校校长解释为“移民影响的结果”。1870 年康塔尔省的一个偏僻山区还乡移民以“人民保卫者”的名义出现，向乡亲们宣传城市里的斗争和激进的思想。伴随着移民的成长，阶级的和民族的意识都在觉醒和提高。

与其他国家相比，法国的农村人口向城市迁移距离短、规模小、速度慢、持续时间长，给法国历史的发展留下深深的痕迹。城市吸收能力不强，农村人口短距离移民，必然使得大城市、大矿山及铁路干线附近地区与偏远地区分化极不同步。靠近主要城市的农村，19 世纪五六十年代移民就已充分发展，而贫穷的高原地区及远离竞争压力、缺少现代经济吸引的边远地区，当时还基本是移民未触动的真空地带。进入 20 世纪以后才受到影响，缓慢出现较大规模的移民。这种不同水平的分化结果势必使法国城市和边远地区出现距离空间，城市不能带动整个农村，农村拖城市的后腿，增加了变革的阻力。此外，农村人口迁移缓慢必然会影响农村社会的分化。农民与土地分离的过程在法国持续时间特别长，法国大革命确立的小农土地所有制在法国实行了近一个世纪之久，直至第二次世界大战后的第五共和国才在政府的干预下促成大量小农破产，建立起期待已久的资本主义农业体系，旧结构的分化和新结构的整合才最终完成。

第三节 法国农民社交方式的转变

随着经济和交通的发展，农民的社会流动性也扩大了，他们不再局限于狭窄的地域范围，其社会活动的范围逐步扩大，形成了新的经济体系和新的社会关系网络。

举个例子来说，位于瓦迪埃到南特铁路线上的马奇雷乡村小车站，在铁路建成后的第一年仅售出4500张火车票。几年以后，每逢在离这个小火车站15公里远的小城镇有小集市的时候和附近的一个较大的城市里有大集市的时候，车站就人满为患，有时甚至不得不增开临时列车。1885年，这个小车站售出13046张火车票，1890年有19089名旅客乘车，1900年，增至33724人次，1909年达到42360人次。由此可见，乘火车逛集市、买卖商品、交流信息，已经成为当地农民经济和社会生活的一个重要内容。再以结婚范围为例，1851年加莱海峡省的25个乡中，有9%的夫妇双方来自同一个公社，41%来自同一个乡，22%的夫妇来自同一个行政区，15%的配偶来自一个省份，只有13%的夫妇是来自不同省份。这些数据说明当时婚姻选择还有一定的地域性的色彩，但较19世纪初山区省份三分之一的夫妇双方原居住地不超过1公里的状况相比，无疑是大大进步了。

法国农村中社会交往方式的变化也反映了农民社会生活的变化。以往在法国农村的大部分地区，都有夜间聊天的习惯。几户乡邻或朋友全家，不分性别长幼，在冬日的晚上每天或每星期几次聚集在一起，共享一烛灯光和一堆薪火，妇女们做针线活，男人们谈天说地，一来消磨漫长的冬夜，二来节省燃料和烛火。聊天的内容除男耕女织的生产经验之外，主要谈论过去：古老时代的传说童话、贵族时期的如烟往事、大革命时期的风风雨雨和街坊邻居的趣事轶闻，都成了夜间聊天经久不息的话题。夜间聊天是法国传统农村社会生活的一个重要特色。

当农民经济重心转向市场以后，社会交往的中心也自然而然由乡间茅舍和陋室向市场迁移。19世纪七八十年代，夜间聊天在各地普遍减少，至19世纪90年代只有最贫困落后地区还保持着这一习惯。即使还存在着的夜间聊天，在形式和内容上也都发生了变化。年轻人与老年人分开，在较以前更为舒适的农舍里，甚至在咖啡店和小吃店里编织、打牌、娱乐乃至谈论政治。夜间聊天这一乡村社会的古老习俗，作为传统农民交往的主要方式失去了原有的维持传统社会的意义。同时，市场的社会作用与日俱增，成为经济交往和社会交往的中心。农民通过市场与外界发生联系，他们来这里买卖商品、交换信息、听取新闻、议论时事。有些农民即使不买卖东西也要到市场集市走一走，逛一逛，吃点酒菜，听取新闻。这里有这样一段生动的描写："在卡尔庞特腊的街道旁，十几个农民围桌而坐，旁边放着主食，喝着咖啡。一位似乎是来自城里的英俊的年轻人大声朗读着《君主主义报》。他几乎每一句都停下来，用普罗旺斯方言解释着，他赢得了欢呼和掌声。"前所未闻的思想、农村以外的信息、其他市场的行情，甚至包括衣服穿着的新时尚和农田耕作的新技术等等就这样通过市场的媒介传入农村，首先影响着居住在市场中心的农民和手工业者，然后散布开来，缓缓地深深地改变着法国农民的精神面貌，改变着法国的乡村社会。

第二章　法国农业现状

第一节 法国农业基本情况

法国是经济强国，也是农业发达国家。法国农业生产自然环境良好，农业耕地分布于北纬 45 度附近，气候条件好，雨水充沛，阳光充足，温度适宜，很适合种植北欧地区和地中海地区的农作物。2005 年，法国农业就业人口为 87.52 万人，占全国就业人口比重的 3.6%。2004 年，法国农业产值（包括农业食品行业）约占国内生产总值的 3.9%；1980 年，这个比重约为 7%。

一、农业经营情况

2004 年，法国农业占地 3220 公顷，其中，法国农业可用土地面积约 2950 万公顷（人均约 0.5 公顷），占国土面积的 53.7%；在农业可利用土地中，可耕地占 62%，草地占 34%，长期耕作地占 4%。2003 年，法国谷物播种面积 890 万公顷，人工草料种植面积 300 万公顷，油料作物生产面积 190 万公顷，年度收割的草料播种面积 170 万公顷，休闲农田 130 万公顷。此外，法国还有常年草场 1000 万公顷，葡萄园 89 万公顷。

法国是全球农作物生产大国，其中小麦、玉米等主要粮食产量居世界前 5 位。据联合国粮农组织统计，2004 年，法国主要农产品产量如下：小麦 3964.1 万吨，玉米 1574.3 万吨，大麦

1099.9万吨，土豆6900万吨，牛奶2420万吨，甜菜2941.9万吨，葡萄7800万吨，油菜籽3961万吨，苹果2400万吨，新鲜蔬菜3000万吨，西红柿855万吨，猪肉2100万吨，牛肉1850万吨，鸡肉1200万吨，鸡蛋1010万吨。2003年，鱼产量64.3万吨，在欧盟居第三位，仅次于丹麦和西班牙。

二、农业发展特点

1. 中小农场和家庭劳动居主导地位

由于农业机械化水平的提高，法国农场数量逐年减少，1955年农场数量是现在的两倍。法国现有农场101.7万个，其中大于50公顷的农场数量为17.2万个，占农场总量的17%；50公顷以下的中小型农场有84.5万个，占农场总量的83%，其中，20~50公顷的农场有28.8万个，5~20公顷的农场有27.9万个，5公顷以下的农场有27.8万个。中小农场占很大比重，但是国家支持中等规模农场的发展。法国农业以家庭劳动力为主，农场主及其家属占农业劳动力总数的92%左右。

2. 土地租赁经营方式开始占优势地位

法国的土地经营方式有三种：租赁经营、土地所有者直接经营和分成制经营。近年来，前一种经营方式逐渐增多，后两种经营方式不断减少。1970~1987年，租赁经营的农田面积由1375.6万公顷增加到1478.5万公顷，所占比重由46%上升到53%。土地所有者直接经营的农田面积由1555.1万公顷减少到1309.8万公顷，所占比重由52%下降为46%。分成制经营的农田面积由59.8万公顷减少到17.4万公顷，所占比重由2%下降为1%。

3. 专业化生产促进了农业商品率的提高

法国农业过去以自给性的小农经济为主，农业生产专业化程度很低。第二次世界大战以后，全面推行了农业现代化，农业生产专业化程度也随之提高。法国农业专业化可以概括为三种类型：区域专业化、农场专业化和作业专业化。在区域专业化方面，为了充分利用自然条件和农业资源，将不同的农作物和畜牧生产合理布局，形成专业化的商品产区。例如，巴黎盆地小麦产区的小麦产量占全国小麦产量的1/3，诺尔—庇卡底—香槟甜菜产区的甜菜种植面积占全国甜菜面积的73.2%，布列塔尼畜牧生产基地提供全国猪肉产量的40%、禽肉的30%、牛肉的32%、蛋的20%，北部庇卡底马铃薯产区的马铃薯产量占全国总产量的50%。在农场专业化方面，按照经营内容大体可分为畜牧农场、谷物农场、水果农场、蔬菜农场等等，专业农场大部分经营一种产品。作业专业化将过去由一个农场完成的全部工作，如耕种、田间管理、收获、运输、储藏、营销等，均交由农场以外的企业来承担，使农场由原来的自给性生产转变为商品化生产。

4. 农工商综合发展，形成多种类型的综合体

农工商综合体在法国经济中占有很重要的地位，其类型有：生产综合体（包括农产品加工业）；生产前综合体（包括能源、设备工业、生物工业、农业化学和其他工业、服务业）；销售综合体和国际贸易综合体。农业成为农工商联合企业的重要组成部分。据估计，农工商综合体拥有的人数占就业人口的25%。

第二节 法国农业经营的模式

法国农业的生产单位是农场。在法国，中、小农场无所不在，但是由于各地区自然条件的不同，经营部门的差别以及农村聚落形式各方面的差异，使得法国农场规模也具有地区性的特点。一般以大田作物为主的平原地区和开阔田野、聚居村落地区机械化程度较高，农场规模也比较大，50公顷以上的大农场是

法国农场的主体。法国北部的法兰西岛、香槟—阿登、皮卡尔迪、上诺曼底、中央区和勃艮第等地区均属于这一类型。比如法兰西岛，1979 年 50 公顷以上的大农场占农场总数的 37.3%，占耕地面积的 83.6%，农场平均规模达到 52.5 公顷。而种植葡萄、蔬菜、花卉等耗费劳动力较多的作物区，以及因为地势崎岖不平而引起的地面斜坡、朝向极端多样化的山区等，土地集中存在很多的困难，所以农场的规模就相对比较小，以中、小农场占统治的地位。法国西南部和地中海沿岸、中央高原以及山区都属于这种类型。比如朗格多克—鲁西荣地区，1979 年农场平均规模只有 12.9 公顷，比全国农场平均规模少 10 公顷以上，50 公顷以下的中小农场占农场总数的 94.7%，其中有 55.7%为 5 公顷以下的农场。再比如阿尔萨斯地区和罗纳—阿尔卑斯地区，5 公顷以下的小农场，分别占农场总数的 47.8%和 31.9%。

从作物类型来看，农场规模的差异也很明显。谷物和甜菜农场的规模最大，平均在 10 公顷以上，其他经济作物农场的规模只有谷物农场的一半，园艺作物均以小规模经营为主。

法国的农场以自耕方式为主，自耕农场占到了总耕地面积的一半以上，租佃方式的农场耕地面积只占总耕地面积的 47%左右。一般中、小农场主要以自耕经营方式为主，特别是在卢瓦尔河以南，经营水果、葡萄、蔬菜的农场很普遍。使用租佃方式的一般都是大型的农场。

近年来，随着农产品市场竞争的日趋激烈，用工成本的不断提高，法国的家庭农场出现了以兼并的形式不断扩大规模和发展农工商综合经营的产业化趋势。

扩大经营规模的目的，一是在完成欧盟生产配额的基础上围绕市场需求生产价格比较高的农产品；二是提高机械化程度以减少用工，并提高机械设备的利用率；三是可获得更多的补贴，因为法国政府对农业的补贴逐步向大型家庭农场集中，中型家庭农场每年可获取3万欧元的补贴，而大型家庭农场年可获5~10万欧元的补贴。如果家庭农场引进新技术、新设备，政府还将给予补贴和提供服务以示鼓励。

发展农工商综合经营的目的：一是通过延长农业的产业链条，提高农产品的附加值；二是通过发展效益比较高的非农产业取得收益，来反哺农业。这些措施使农业生产率大幅度提高，也使法国农业企业表现出极强的市场竞争力。在最近的25年里，法国农产品总值增长了35%，而农业就业人口却减少了一半。

第三节 法国农业生产的现代化

一、农业生产机械化

第二次世界大战以后，法国政府把农业生产现代化放在极其重要的位置。战后初期，法国国内生产资金极度匮乏。法国政府抛掉“既无内债，又无外债” 的理财观，大胆向国外借款，利用价格补贴和国家担保提供长期低息贷款等方式首先实现农业机械化。农民购买农业机械可以享受价格补贴。20世纪50年代曾规定，凡购置新的农机具按原价优惠15%出售，购买农机零件可降价20%，差价由国家补给。20世纪60年代，规定农场主购买拖拉机，政府可以给予投资额20%~30%的补贴。此外，对农民兴建的水利工程、道路、电气化工程和土地整治等农村基本建设工程给予10%~20%的国家补助金。据统计，从1948年的7月1日到1952年的12月31日，法国政府发放的农业工程津贴额达50911亿法郎。另一方面， 由政府出面担保，银行提供长期、低息的贷款，在20世纪60年代，银行商业贷款利息一般为7%～8%，而购买农业机械的贷款利息可降为3%～4%，贷款年限为5年以上，总的贷款金额可占自筹资金的一半以上。1948年7月1日至1952年12月31日，通过农业借贷银行发放的现代化和装备基金款项达1233.9亿法郎。根据农民的需要，农业贷款逐年增加，1974年与1960年相比，国家发放的农业贷款增长了7倍，农用内燃机和燃料全部免税，农业用电也远比工业便宜。

为了保证农业机械质量及方便使用，法国政府颁发“特许权证”，指定专门企业在各地建立销售服务网点。不论哪个厂家哪一年的产品，其零部件都能随处买到。法国《农机法》规定，农机产品停产10年后，还要保证零部件供应。农业机械物美价廉，售后服务有保证，深受农民欢迎。到1970年，各农场拖拉机的占有量已达到170万台，约每10公顷耕地有1台拖拉机，完全可以满足耕作等作业项目的需要。联合收割机增至10万台，植保、排涝等其他农业机械也很快得到普及。2003年，法国的农业机械销售总额达到36.2亿欧元，其中拖拉机销售3.6万台，平均每台功率超过115马力，拖拉机销售金额占农业机械总销售额的30%。

为了降低农民使用农业机械的成本，提高农机具的利用率，法国政府还鼓励建立共同使用农业机械的合作社。这种合作社的法文缩写为“CUMA”，按音译为“居马”。在战后农业机械化、现代化初期，农民主要依靠畜力和手工劳动，购买力水平还比较低。为了解决购买昂贵的农业机械设备(如土壤改良和收获机械)的资金困难，农民自发地组织起集体购买和共同使用农业机械的专门合作社——“居马”。据1983年统计，全法国共有1万多个“居马”分布在全国各地，入社农户25万个，规模一般为300～500公顷，占农户的20%，机具使用费可降低30%～40%。

二、农业生产信息化

农业信息化是指广泛地应用现代信息技术促进农业和农村经济结构调整，增强农业的市场竞争力，发展农村经济，建设现代农业，增加农民收入，加速农村现代化进程。1997年，法国政府经过不懈努力，已经在信息化方面取得了可喜成就。

法国农业相关主体对农业信息化的大力推动是法国实现农业信息化的根本动因，具体体现在以下几个方面：

(一) 农民

农民是实现农业信息化最关键的因素。20世纪80年代末，远程信息系统曾经风靡一时。这种基于公用交换网通信的远程信息设备，外形酷似电脑，却比电脑更小巧，初期投资较少(法国政府曾一度免费赠送该设备)，充当了法国农业信息化的鼻祖。作为一种信息工具，它不仅能够提供诸如气象预报、电话号码查询、交通信息查询等服务，而且还可提供许多行业及商业数据的查询服务，深受农民喜爱。与此同时，法国农民们也正是通过这种工具熟悉了计算机键盘，建立了信息网络的概念。据有关资料统计，1992年，以职业性应用为目的利用这一系统的农民数量曾达到7万人。

20世纪末，互联网逐渐显示了强大威力，近年来农业网站的建设热潮和不断上涨的农业网民的数量已充分证明了这一点。另外，农业生产过程中的计算机应用、精细农业的发展以及全程实时监控等技术的应用，都说明农民已学会越来越多地利用计算机。互联网接入的便捷和它较远程信息服务系统更低廉的电信费用，以及电子邮件、网上各种在线论坛、网页发布等通信功能，都使得远程信息服务系统力不从心。而今，越来越多的法国农民正在接受这一新的信息系统。一些远程信息服务系统服务商也在试图尝试改造其产品，使他们能与因特网兼容。

（二）地方政府

虽然在政府行动计划中，没有将农业信息化列在其中，但各地方政府在农业，尤其是在农村信息化中的主导作用是不容忽视的。为了帮助青年农民利用因特网，有些乡村政府采取了相应的措施。如在科雷特地区存在一种《活跃乡村社区协议》，支持一个名为“因特网接力点”的项目，其目的是通过培训、活动及装备等促进信息网络在该地区的发展。这样的计算机网点至少每个乡有一个。这样就使青年农民一方面能上网获取信息，另一方面，为他们提供了利用计算机进行工作或娱乐的机会。诸如此类的地方政府行为，其他地区也有存在。政府将这一行为与农村文化和娱乐生活密切联系在一起，使青年农民在接受新信息技术服务的同时，学会掌握和利用这些技术工具工作和娱乐，从而提高农民的新技术素质，实现农村信息化。

（三）农业合作社

农业合作社是法国农业生产和销售活动中非常重要的民间自发机构。它通过会员制度，组织和协调合作社成员内部的各种经济活动，将各个会员紧密相连。农业合作社使用互联网，主要是为了进一步加强会员之间的通讯联系。据农业部 2001 年 1 月的一项调查显示，有近一半的合作社和协议商已与因特网相连，52%的被调查企业拥有自己的网站。这些网站主要目的是为其农民成员提供一些方便的行政手续服务，如减少农民签订合同的繁杂手续等；其次，为农民提供农产品市场信息、气象预报以及作物栽培过程中的一些疫情、灾情测报等，也是网站的重要服务内容。

（四）乡村家庭联盟

法国乡村家庭全法联盟是一个非常广泛的民间机构。它创建于1946年。至今联合了近3000个地方协会，由70个省级联合会和20个地区联盟组成。它的主要目的是发展群众教育及公民的长期教育，活跃和发展乡村的社会、经济和文化生活。面对信息技术对全社会，尤其是对农村生活和农业生产的深刻影响，联盟采取大量的行动，为没有条件接触这些新技术的农民提供方便，使他们得到新技术的熏陶和感染，并学会应用它们。

其中最有影响的行动之一叫做“智能乡村”。这一行动的目的是以引导和启发大众对新信息技术的接受，培训公众及农村的一些协会和职业人员利用新技术和这些办公工具，创建一些常年向公众开放的因特网网点等。这一行动在普罗汪斯、阿尔卑斯及蓝色海岸地区，进行了20多周的活动，30多次培训，建立了4个公共的因特网网点，并建立了一个专门的服务网站。

（五）信息网络及产品制造商

推动农业信息化的另一个重要因素，是那些信息网络和产品制造商。这些制造商常常以优惠的价格和周到的服务鼓励农民购买信息产品及网络设备，有些则以投资的形式，来改善农村的信息基础设施条件。比如，法国电信多年来一直致力于农业领域的新技术发展，当年在农村推广远程信息服务系统，如今建成的将近200个农业网站都与它有关。法国电信认为，农村并不是一个远离新技术的地方，而是一个很有活力和创新意义的世界。目前该公司正在进行以卫星为支持的短期宽带网在农村的尝试，力求实现法国处处有宽带的美好愿望。

软件开发商瞄准农村市场开发了一系列的应用软件，如智能型的施肥系统、灌溉系统以及一些病虫预防和测报系统等。有些商家将这些系统集成于袖珍计算机上，生产出了各种便携式产品，深受广大农民的青睐。

总之，农业信息化是一个综合的、渐进的过程，它的实现涉及社会的方方面面。这些形形色色的社会因素，正在以各自独特的方式，加入到促进法国农业信息化的大行列，推动法国农业走向崭新的信息社会。

三、农业生产专业化

法国农业机械化、现代化进程中一个突出矛盾是农民一家一户经营的项目较多，种植的品种复杂，专业化、商品化的程度不高。与传统的小农经济一样，二战以前的法国农民种田是小而全，自给自足，在有限的土地上既要种粮种菜，又要栽瓜种果，还要围栏养猪垒圈喂牛。如此经营的结果，一是农活太杂，专业化程度不高，难以提高技术水平；二是品种多而数量少，商品化程度不高，难以有效地占领市场；三是机械化程度不高，难以提高劳动生产率。

20 世纪 50 年代以后，法国政府遵循“区域专业化、农场专业化和作业专业化”的原则，在农业装备现代化和规模化的基础上，不断深化农业生产专业化水平。到 2004 年，法国已经基本建立了比较成熟的 22 个农业大区，470 个农业小区，形成了专业化的商品产区。同时，在耕作、田间管理、收获运输、储藏、营销等方面，法国也建立了比较完善的配套体系，使农场由原来的自给自足生产转化为商品化生产。

第四节　农业合作组织

一、法国农业合作组织建立的基本原则

法国的农业生产以私有制为基础，就是说土地归农业生产者个人所有。法国的农业耕作基本上属于一家一户的中小型规模。

法国的农业合作组织正是建立在此基础之上，它有四个基本原则：

（一）自由加入

法国所有农耕者都有权力自由出入农业合作社，合作社的大门随时敞开。但是，参加者必须承认合作社的共同利益及它所代表的其他成员的权力。同时要投入一定数量的资金，如有的地区规定，合作社组织的成员必须将自己年利润的10%交给合作社；有的采取按比例投入法，收入高的农户投入相应多一些。

（二）非资本原则

尽管每个组织成员都要向合作社投入一定资金，成为合作社的股东，但是这些资金投入的主要目的不是盈利，也不是按资本分红，而是为保护和发展他们的共同利益服务。因此，合作社不分配股息和储备资金，只是将6%的利息分配给每一个成员，其余的钱用于合作社今后的发展项目。

（三）实行民主管理

合作社成员在合作社内部享有平等的地位。合作社成立董事会或管理委员会，每年要向全体成员汇报工作。董事会的选举以及合作社的一些重要事项，要通过合作社全体成员来表决决定。合作社成员的投票权不是按股份大小，而是实行“一人一票”的原则。

（四）排他性

农业合作社仅为其成员服务，而不为其他人员服务。如合作社的仓储库房一般只接受其成员送来的产品，为其成员提供种子、化肥、农具等。合作社成员当然也承担合作社规定的各项义务。

二、法国农业合作组织的作用

法国农业合作组织不仅对于发展法国农业作用明显，而且与农民利益密切相关，发挥着十分重要的作用。不同层次上的农业合作组织作用表现有所不同，主要有以下几个方面：

首先，基层农业合作组织直接为农民提供产前、产中和产后服务，取得规模经济效益。比如农耕者中最多的是共同使用农具合作社和粮食储存合作社。

共同使用农具合作社由于受地域条件的限制，一般由 2~10 户农民组成，较大的有几十户。这种合作社具有小型、灵活的特点，在全国最多时达到 1.3 万个，每年有大批的共同使用农具合作社解散，又有大批的重新组合。在这类合作社中，农户共同出资购买农机具，这样可以节省每户的资金投入，减轻负担，又能保证适时耕种与收获。农机具虽然是由农户共同出资购买的，而每户使用时，仍然要按照机器折旧年限有偿使用，以保证合作社资产的再生能力。这种合作社由每户出代表组成理事会，理事会主席每年改选一次，并负责向合作社全体成员报告工作。理事会通常下设一个秘书和司库，包括理事长在内，都不是专职人员，只有农忙时，合作社才会雇佣一两个拖拉机手，其余时间都是农户自己使用农机具。在一些地方使用农具的合作社还按照农机具的不同分为许多种类，农户可以根据自身的需要参加某一种类的农机具合作社，这使农民选择性强，更加节省资金。

农产品储存合作社的规模要大一些，往往由几十户甚至上百户农民组成，它们建造各种库房，包括许多现代化的储存设施，农户将自己生产的粮食、水果、牛奶送到这里储存起来。这种仓储合作社往往还担负着农产品销售的职能，在适当时机将储藏的农产品销售出去。农户的储藏费用可以等他们的产品销售出去以后再由合作社从销售款中扣除。

此外，还有种子、肥料合作社、购买农机具合作社等，为农户们提供各种服务。

其次，农业合作组织在市场组织方面，既可以保护农民利益，又可以起到一定调节作用。

单个法国农民是无力参与市场竞争的，破产的可能性比较大，但是组成合作社则可以使农民共担风险，共渡难关。法国农业合作组织的一项重要功能是使农民以集团组织力量对付市场竞争。合作社将各类农产品储存起来，具有较大的吞吐能力，在市场价格比较有利于农民时出售，并且通过各级农业合作组织联合会达成协议的方式，在一定程度上控制市场价格，避免或减少由于农产品过剩或短缺引起市场价格的大幅度波动给农民带来的不利影响。法国的农业合作组织最初以及后来很长一段时期着重于发挥生产组织的作用，直到 1975 年以后，开始注重发挥销售和流通组织的作用，这是农业合作组织生命力得以延续和扩大的重要因素，也是与资本有限公司抗争的一个重要条件。

第三，农业合作组织在信息、科技、培训等多方面为农民提供综合性服务，对促进法国农业发展起到组织者的作用。

法国的农业合作组织联合会与欧洲及世界农贸市场保持着密切的联系，通过电脑和微机联网为农户提供各种价格信息及其他方面的咨询，负责组织新技术的推广应用、人员培训等。如法国全国粮农合作组织联合会，除了在经营方面负责将农民大宗的粮食用火车外运到港口，并通过自己控制的公司来向农民提供优惠的农药、化肥和农机具外，每年还要制定农业生产计划，定期向农户推荐最新农业技术，同时设有试验田和种子站，每年组织一半左右的农户进行技术性参观。此外，还建立农业职业学校、创办交流农业技术和经验的杂志。这种大规模的农业合作组织联合会一般设有董事会，董事会成员由农民组成，董事会主席由合作组织全体成员选举产生，同时设有执委会，由领薪者(雇佣人员)组成。董事会每月要开一次会，制定合作组织的内外部政策，然后由执委会总经理负责贯彻落实。董事会每年要在合作社全体成员大会上汇报一年的工作，报告财务收支情况以及新的预算，并对一些重要事项进行表决。由此，农民通过自己的联合会组织来实现更高层次的管理，使自己的事业获得全面的发展。

第四，农民通过合作组织便于取得贷款和资金融通，在资金流转方面对自身有利。

经营比较好的法国农民直接向银行进行个人贷款是比较容易的，但对那些条件较差的农民来说就比较困难。通过合作社来贷款，事情就好办一些，因为合作社的信誉比较高，银行倾向于贷款给合作社，再由合作社转到农户手中，通常这样保险系数大一些。银行给合作社贷款与给资本有限公司贷款并不一样，资本有限公司与股东之间无资产连带关系，如破产贷款将难以收回，而合作社与其成员之间则有连带关系，一户农民破产，合作社全体受到牵连，于是合作社的资金风险共担原则和整体信誉使每一个农户都有平等的贷款权。按照法国农业政策规定，合作社的另一有利之处是它不属营利性组织，因而可以不缴纳公司税。在合作社内部，农民拿到贷款之后，可以等到秋后用实物来偿还，使用资金比较便利。于是，客观形成了只有农民自己组织合作社，才便于向银行贷款并且是国家补贴性贷款，合作社也正是利用国家给予的优惠政策来为农民服务。

三、共同使用农业机械合作社——居马

居马是法文共同使用农业机械合作社的简称，它是由一些经营农场(最少要有 4 个)组织在一起，共同购买和共同使用农业机械的合作社。它仅限于农业生产领域(绝大多数农业合作社分布在农业的产前和产后部门)，而且只限于购买和使用农业机械方面的合作。

我们以法国东部勃艮第地区的一个居马为例，来了解居马的运作方式。它成立于 1984 年，当时有 7 个农场。后来有 1 个农场主退休，现在只有 6 个农场会员。相对于全法国平均每个居马 18 个会员的规模来说，这个居马是很小的。由于法国从事农业的人员越来越少，一个居马的成员可能来自于几个村庄，而这个居马就由 3 个村子的农场所组成。其中马利特村有 3 个农场，纳利村 2 个，罗切特村 1 个。

农场主加入居马没有地域限制，农场主可以加入另一个村庄的居马，也可以加入外省的居马。此外，一个农场主根据其需要和自愿可以参加几个居马，如勒纳尔先生除参加这个居马外，还参加了另一个规模较大的居马。一个较小的居马也可以以会员资格参加另一个居马。特殊情况下，会员可以退会，但居马只退还社会资本金部分给其会员。

居马成立后要决定购买机器时，其成员须缴纳 20%的社会资本，这一资本不是平均分摊，而是根据各个成员自己的经营面积或工作时间的多少来分摊的。如居马要购买一台价值 10 万法郎的加工青贮饲料的机器，其会员必须提供 2 万法郎的自有资金。每个成员究竟出多少呢？各自计算自己使用机器的时间，以确定机器全年的总使用时间，然后计算出每单位时间的分摊额。各自的使用时间乘以单位时间分摊额，就是各个成员要缴纳的资金。

居马由全体会员大会选举出来的管理委员会和办公室来管理。办公室一般由主席、副主席、秘书、财务主管等组成。根据实际情况，人员可以增加，也可以减少。规模较大的居马可再增加一名副主席和一位秘书。规模较小可不设立秘书。居马每年召开一次全体大会，特殊情况下，可召开特别会议。

随着农场经营规模的扩大和农业现代化的不断发展，农业生产各个部门和农业生产的各个环节越来越普遍地使用农业机械。现在，不仅播种和收获使用机械，而且土地耕整、喷药施肥乃至于日常的田间管理也都广泛使用农业机械。如果单个农场购买农业生产环节需要的所有机械，不仅因价格昂贵购买不起，而且经济上也不合算。于是就产生了多个农场一起购买，共同使用的要求。从第二次世界大战后居马成立以来，其数量不断增加。到1996年，全法国共有13570个居马，当年新成立的有342个。有会员24万人，大约每3个农业经营者中就有1个是居马的会员。这些会员相对较年轻，平均年龄40岁，其中新就业的农民占会员总数的30%。从这些资料中，我们可以体会到法国农民参加居马的热情是越来越高的，原因就在于参加居马的农民有四个重要的优势：

1. 节约生产成本。在法国许多地区，农场经营规模很小，全国平均仅为40公顷左右。如果单个农场购买农场所需要的各种机械的话，将是一个不堪承受的负担。

2. 加快农业现代化的进程。在法国，几乎所有的农事活动都是由机械来完成的。从某种意义上说，农业机械的现代化程度决定了农业现代化水平的高低。多个农场共同购买使用机器，可以加快机器的更新换代，及时推广和采用功能更强、效率更高、能生产更优质农产品的新型机械。

3. 有利于解决生产中的问题。一个居马同时也是一个农业经营者团体，他们可以经常聚集在一起，从事一些农业研究，解决自己农场中的一些问题，还可为省大区农会、居马联合会提供决策依据。

4. 在农场出现特殊情况时，可以进行相互帮助。尤其是一些小型农场，通常只有一个人从事农事活动，如果农忙季节农场主由于疾病或工伤不能劳动，农场之间相互帮忙，就可以解决燃眉之急。

案例：

法国甜菜生产

法国约有4.2万个农户种植甜菜，面积约47万公顷，户均种植约11公顷，供给近50座糖厂。所有的糖厂分属25家制糖公司。全世界加工能力最大的康纳特尔糖厂，日加工能力2.5万吨。另有约2.5万公顷甜菜供生产酒精用。法国甜菜种植面积约占耕作面积的6%。

甜菜种植

甜菜播种通常在3月底到4月中旬进行，用精量点播机播种，均为遗传单粒丸粒种子，行距45~50厘米，株距18~20厘米，密度9万~10万株/公顷。在播种前、播种时、播种后分别用化学除草剂除草，田间基本无杂草，很干净。在播种前把除氮肥外的其他肥料全部施入，播种时施一半氮肥，另一半在出苗后追施。9月底开始收获，用大型6行自动收获机进行。糖厂从9月底开始加工，一般在圣诞节(每年12月25日)前结束。

甜菜育苗

对于育苗田与种子田的轮作及隔离距离有严格规定，国家农业部有专门机构在当地控制。种田密度为2.5万株/公顷，行距80厘米。从6月初到7月初持续授粉，授完粉后父本被毁，只留下母本用来产、收种子。从8月初到8月底进行种子收获。先用名叫“甜菜车”的一种特殊机器把种株割倒，然后放在原处，数天后捆扎收走，也有的在用干燥剂降低种株含水量后直接捆扎。种子在当地脱粒后进行预清洗，清除田间碎杂物，然后运到各种子公司的加工厂进行一系列程序的加工，最终变成商品种子。

甜菜研究与服务

在法国，用于甜菜研究开发的资金除政府拨一小部分外，主要来自于农户、糖厂和种子公司。甜菜技术研究所，它的简称是TBI，从农户、糖厂和种子公司获得资金，其工作主要为应用技术研究、品种区试等日常工作以及技术示范推广和咨询服务。甜菜技术研究所由与甜菜有关的各方面专业人员组成，其权力机构由糖厂、农户、国家农业研究院、大学、种子公司人员组成，在全国各甜菜主产区都有常设技术人员。

法国甜菜种植户可获得的咨询服务来源有：①甜菜技术研究所；②糖厂农艺师；③农业服务公司；④种子公司雇的农艺师；⑤行业联合会农艺师。不论作物咨询服务还是管理服务，都能从政府农业部的计算机服务网上获得各种数据及分析结果。

第三章 法国农民生活概况

第一节 法国新农民

法国的农民常常是“世袭”的，即子女继承父辈的土地和农场，世代经营。近10年来，青年农民越来越多地选择扎根城市，广大乡村地区的青年农民接班的越来越少。农业生产的艰苦毋庸置疑，工作强度大、空闲时间少是不争的事实。另外，农民中单身汉的比例一直居高不下，并且不断上升，放牧者的情况尤为严重，再加上刚刚安家落户的“新农民”，这个数字已达60%！还有，务农不容易致富，尤其那些小规模经营的农民，辛苦一年未必劳有所得。所以，一些农场经营副业就不足为奇，比如开办乡村公寓、客房、假期幼儿园等等。还有一种情况也不少见：夫妻中一方从事另外一种职业，以保障一份稳定的收入。法国全国统计及经济研究所在2000年的一份调查中指出：“几乎所有农户都有一份额外收入。”但有关数字很难加以分析，因为农民的收入是复合型的，包括各种补助、优惠贷款以及本地区、国家乃至欧盟给予的补贴。例如，如果选择在山区“扎根”，可获得3.59万欧元，外带一份相当优惠的贷款。

但是，与此同时，非家族式的新农民越来越多。“青年农民联合会”负责职业培训的克里斯托夫·马其诺说：“在新安家落户的农民中，非家族式的新农民占到30%，有的地方达到

50%。”比如，在法国上卢瓦尔省的桑达克—雷格利兹镇，就有这样一位新农民——文森特·科姆，他以前是一家快递公司的邮递员，由于受到老板的统治，永远忙得同陀螺一样，没有自己的时间。因此，大部分新农民之所以选择了田野，很大程度上是出于对自由的向往。

农业是一个以封闭和传统著称的领域，这种自己选择当农民的现象确实引人注目。一部分原因是结构性的，正如《村庄》杂志主编西尔维·勒卡尔维兹所言：“由于从事农业生产的人越来越少，可能继承家庭经营的农民子弟也越来越少。”于是，那些非世家的农民就凸显出来。最近20年间，农业生产者的数目迅速减少：1982年法国有150万农民，今天已不足70万！与此同时，在备受争议的“共同农业政策”的冲击下，跟上法国农业现代化进程的只有大农场，小型经营者的数目已减至当时的1/7。克里斯托夫·马其诺说:“农民经常告诫子女从事别的行当，以至于没有人愿意重操旧业，这确实是一个形象问题。我们目前还不缺少(农民)‘候选人’，但这个问题很快就会到来……”

为了重振农业，避免可能出现的人员匮乏，“青年农民联合会”实施了一项针对在校生的教育措施，定期向小学、中学及大学的课堂派出宣传小组，“推广”一项虽然艰苦但确有回报的职业。克里斯托夫·马其诺就继承父业，而且爱上了这一行：“每天早晨都有新发现!收获是对一年工作的回报！每当产小牛时，看着那新生命，都会感到一种特别的喜悦!”每天早晨，他送孩子们上学后，就可以依照自己的意愿安排时间。像文森特一样，他对在公司打工的情景记忆犹新：“当我想停下来喝杯咖啡时，再没有任何人管得着。”如果他想过得更讲究些，还可以雇人照看牲畜，而自己去度假。

不管是不是农民的儿子，绝大多数新农民常常为了留居故里或振兴家乡而做出“有悖时尚”的选择。洛朗·巴尔满怀激情地说：“我想证明，人们在这里还能从事一些有收益的经营活动。”这位毕业于法国国立农学院的新农民已经41岁，曾长期为一些农业公司从事畜种遴选工作，并摸索出一套在利尼翁河畔尚邦(位于奥弗涅山脉，夏天是旅游胜地，冬天则以严酷荒凉著称)饲养欧布拉克牛的生态养殖法。

第二节 法国农民收入与补贴

一、农民收入的变化

2003年法国国内生产总值118万亿美元，人均国内生产总值3万美元。而根据欧盟职业联合会的调查表明，在欧盟区，收入居前的是IT领域、科学家和教授、保险和理财专家、律师、医生、会计师等，而收入较低的是农林渔牧从业者、出租车司机、建筑工人等。由此可见，在法国，农民的收入也是属于较低收入者的行列。

每个国家农民的收入水平都与这个国家农业发展状况密切相关。法国是欧洲的农业大国，但是由于农业人口的日益减少，经济发展状况并不理想。

根据法国会计情报网的资料，1972年家庭劳动者个人收入的情况如下：

6万法郎以上的占家庭劳动者总数的11.5%；

4万~6万法郎的占家庭劳动者总数的12.3%；

1.5万~4万法郎的占家庭劳动者总数的52.3%；

1.5万法郎以下的占家庭劳动者总数的23.9%。

从数据中我们可以看出约有1/4的家庭劳动者农业收入较高

或者收入状况良好，还有1/4收入很低。而且，最高和最低的幅度拉得很大。有的小农场的家庭劳动者每年收入只有5000法郎。与大农场主相比，收入的幅度比例是1：40。

“农业低收入”主要是指那些不满20公顷的小农场，当然也有不少小农场因为土地肥沃，会算计，技术高而收入并不少。两个面积相同、土质一样的农场，又同处于一个小农区，由于农场主的技能不同，他们的收入也可能有成倍的差别。另一方面，经过上述的分析研究后，我们发现在1968~1975年间，农业家庭劳动高低收入之间的差距是在逐步缩小的，而不是扩大。

关于“农业低收入”这个问题，还需要补充几点。首先农业收入不是家庭劳动者的唯一经济来源，如农村的住房不用交纳房租，这与其他社会行业相比就有不可忽视的优越性。有些家庭劳动者还有私人财产方面的收入，不过数量很难估计。有为数不少的农民还有补助金收入。而且，虽然农民的社会保险体制不如一般的保险体制，但他们所负担的保险金额也只占保险金总收入的25%。

此外，农民还有非农业劳动的收入。从事双重活动是解决农业低收入问题的有效办法。根据1970年的法国人口普查，有51.3万名农业家庭成员从事非农业劳动，男性比女性略多些，女性人数在增加。男性主要当工人（占总数的64%），女性当工人（占29%）、职员（占25%）和小商贩（占15%）。此外，在男女农民从事兼业者中，有的是中级干部，也有的是高级干部，而且数量在增加。这反映出随着教育水平的提高，农民自身的地位也在提高。

与20年前相比，农民的生活水平已经提高了很多，即便是收入水平比较低的农民生活也能过得去。法国的一位老农贝利雄曾经这样说过：“现在的农民还有什么可抱怨的呢？与50年前悲惨可怜的父辈相比，现在的农民几乎成了资产者了！在我父母的农场里，那个时候除了圣诞节和狂欢节，谁能喝上酒呢!”

农场主，包括那些低收入者，他们都不是无产者。他们都或多或少有些可以出卖的资产，佃户也有一些资产。假如他们直接经营土地的话，那他们的财产就更多了。他们可以自由地处理财产，但总的看来农民还是与他们的农场分不开。

近年来，法国整体农业经济状况有所好转，但是法国农民的收入仍然不容乐观。2003年夏季，法国农业遭受旱灾，收成锐减，其中谷物和葡萄酒的产量比上年下降了近30%，而2004年由于天公作美，农产品产量大幅增加。但与此同时，农产品价格却出现下降。除葡萄酒酿制户外，其农业经营者的收入均有所减少。

据法国农业部统计，2004法国谷物和油料作物种植者的收入比上年下降3.6%，奶牛饲养户的收入下降6%，菜牛饲养户的收入降幅更大，达14%。葡萄酒酿制户的收入虽然按农业部的统计大幅度增加，但这种统计是基于产出的价值，而不是根据实际销售量作出的。

农产品和食品历来是法国对外贸易盈余的大项。2004年，法国的农产品和食品贸易顺差比上一年下降了3.89亿欧元，减至82亿欧元。其主要原因是肉、禽进口增加，葡萄酒出口减少。根据法国全国农业经营者工会联合会的公报，“法国整个农业实际上正面临一场历史性的结构危机”。

二、政府提高农民收入的举措

为了缓解农民低收入的状况，政府作出了很多努力。自1992年法国实施欧洲共同农业政策之后，法国农户每卖出一吨粮食，都可凭发票向政府申请一定数额的农业补贴。此外，为确保农民的利益，法国政府在每年秋收之前公布农作物基本保护价，如果市场价格太低，政府将以保护价格大量收购粮食，以此拉动粮食收购价上升。法国不仅是欧盟最大的作物出口国，也是最大的肉类出口国。与出售粮食一样，农民每出售一头牛或羊都可获得一定数额的农业补贴。法国政府对农业的资助，不仅体现在农业补贴政策上，还通过“零农业税政策”来支持农业的发展。在法国，农民不仅不用在出售粮食时交纳“皇粮国税”，还可以在购买种子、肥料、除草剂和农用机器时，收回部分增值税。

2000年，法国政府为了建立强势的农林产业、增加农村的收入源和农民及农业家庭的就业机会、保护环境及保持欧洲式的农业传统，向农业投入了巨大的资金支持。资金分配状况如下：

农村发展资金分配状况

序号	主要措施	支付金额
1	对年轻农民的创业资助	25000欧元/人
2	提前退休计划	
	支付者	15000欧元/人
	工人	35000欧元/人
3	对不利于农业发展地区财政性援助	
	对不利于农业发展地区财政性援助	4942欧元/公顷
	最低额	61.775欧元/公顷
4	对农业环境保护的支持	
	季节性作物	1482.6欧元/公顷
	特殊的永久性作物	2223.9欧元/公顷
	其他用途的土地	1111.95欧元/公顷

5	植树造林损失赔偿	
	对所涉及的农民个人及团体	1791.475 欧元 / 公顷
	对其他的私有法人	457.135 欧元 / 公顷
6	关于森林保护和生态作用的补偿	
	最低补偿支出	98.84 欧元 / 公顷
	最高补偿支出	296.52 欧元 / 公顷

资料来源:《欧盟 2000 议程》

在农业逐步空心化和老龄化的前提下，法国政府的这些举措对于调整农业生产结构、改善小规模农业经营、推进农业市场成熟、维护农民权益具有举足轻重的作用，同时对法国未来农业的持续发展也奠定了一个坚实的基础。

第三节 法国农民的饮食起居

很多人认为，法国就是浪漫的代名词。法国社会的浪漫自然也体现在法国人的消费导向上，下面我们了解一下法国农民的饮食起居。

一、法国乡村特色饮食

法国的饮食文化非常悠久，从路易十四开始，法国的饮食外交便世界闻名，在法式宴会鼎盛时期，餐桌上一次可上 200 道菜。法国人最爱吃的菜是蜗牛和青蛙腿，最喜欢的食品是奶酪，最名贵的菜是鹅肝，家常菜是炸牛排外加土豆丝，此外，法国人还是世界饮酒冠军，尤其是喝葡萄酒。

法国乡村特别注重“食材”，用法国人自己的话说“次等材料等于次等菜肴”。一般的法国乡村小店都有自己的主打特色菜，下面我们通过一个记者的经历了解一下法国波尔多乡村小店的美食佳肴：

波尔多乡村小店四周是广阔的葡萄园，空气里弥漫着淡淡的酒香味，一切都显得那么古朴、优雅、宁静，让人还未喝酒就已经陶醉了。小店的老板是一位40多岁的中年男子，当他得知我们来自遥远的中国时，便执意让我们品尝他的拿手菜。其实，我早就知道法国菜用料考究，烹制方法独特，没想到，这次才真正领略到了法国菜的魅力。当主人还在制作时，那香味就让我们一个个垂涎欲滴了。当把菜品摆上院内长长的餐桌上时，我们已经顾不上保持绅士风度了，因为我们当时急切盼望的是品尝波尔多美酒，品尝老板亲手烹制出的美味。那天老板制作的菜有乳酪南瓜饼、蔬菜水果沙拉以及两道最具法国乡村风味的大菜——乡村红酒牛肉和酒香鸡肉芹菜。直到今天，我仍然对这两道法国乡村菜记忆犹新。

乡村红酒牛肉

主人先将一整块（大约1千克）牛肉放入盆中，然后倒入一瓶当地产的红酒，随即撒一些撕碎的新鲜迷迭香和罗勒，让其浸泡大约3小时，其间，还见主人去翻动了3次，并用刀面去拍打牛肉。主人说：这样做牛肉更容易入味，肉质也更松散。3个小时到了，牛肉的颜色已经变成了酱红色，主人将牛肉取出来，切成约5厘米长、3厘米宽的厚片。

接着他把炒锅置火上，倒入适量的橄榄油烧热，下入洋葱末和芹菜末炒出香味，再放入几个大蒜仁和土豆块、胡萝卜块炒匀，最后自然是还要倒入牛肉块，等炒至牛肉块变成褐色时，掺入牛肉汤烧沸，再转中火煮约45分钟，待锅中汤汁快收干时，调入精盐、胡椒粉，加入番茄片，再改小火煮约15分钟，起锅装盘（每盘装一片牛肉和少许汤汁），逐一撒上切成丝的薄荷叶，即可上桌。

波尔多的红酒颜色厚重，接近酱红色，口感醇厚，用其泡制牛肉，不仅成菜酒香浓郁，而且还让人食欲大增。

酒香鸡肉芹菜

主人制作这道菜时，先用擀面杖将鸡脯肉捶松，再用刀排剁成茸，放到碗里，加少许精盐、洋葱末、剁碎的百里香和少量的胡椒粉拌匀，再加入少许橄榄油搅匀，然后放蒸锅里，用大火蒸约5分钟，取出备用。选茎较宽的西芹洗净，顺长一剖为二（不剖断），再切成长段；另将蒸好的鸡茸瓤进西芹内，然后放烧热的橄榄油锅中略炸，捞出来摆入条盘中。锅留少许底油，入适量鸡汤烧沸后，撒进芹菜叶末和百里香末，调入精盐，再倒入半瓶波尔多产白葡萄酒略烧，起锅浇在盘中鸡肉芹菜上，随小番茄上桌。

此菜芹菜脆爽，鸡茸细嫩，入口妙不可言。

二、法国乡村住宅

（一）法国乡村住宅日益风靡

根据“房屋整治和乡间建筑公司”（Safer）公布的年度报告显示，2005年法国的乡间房屋市场价格比其他房型价格涨幅高得多，与2004年相比，增长率飞升16%。乡间房屋市场均价已从2004年的16.4万欧元升到2005年的19万欧元。Safer宣布，8年以来，法国乡村住宅价格增长率达到了127%。

乡村房屋价格如此飞涨，原因主要有四点：第一，乡间房屋市场由偏僻地区向集中方向和大城市边缘移动；第二，随着政府对年轻农民放宽赠与政策，购房者的年轻化（平均年龄44岁）也给市场带来不少活力；第三，近15年以来，各类交通工具发达起来，尤其是航空运输业。一些低价航空公司，向内地发展到极为偏僻的地区；第四，农村田地和闲置草地的价格上涨也促使乡村房屋价格攀升。2005年，按照交易总量基础计算，土地的价格达到了每公顷4750欧元。

根据“房屋整治和乡间建筑公司”提供的报告，法国各地乡村房屋价格具体上涨幅度并不一致，巴黎西边、里昂、图鲁兹、波尔多、图尔、兰斯和卡昂各大城市周边、地中海沿岸、罗纳河谷、上萨瓦省（Haute-Savoie）以及塔尔纳省（Tarn）那里的房屋平均价格都超过了20万欧元。

在法国乡村住房爱好者中，不仅包括法国国内富裕阶层，同时也包含了一些国外的购房者，前几年，外国买主涌入法国购房，1998年达到9.5%的比例，最高攀升到占全国交易量的15%，引起通货膨胀。现在已经有所下降，从2004年的14%降到2005年的12%。在这些人中，英国人和爱尔兰人比例最高，占77%，另有荷兰、比利时和卢森堡人共占18%。

（二）法国乡村住宅节能特色

法国人对居住环保节能的“讲究”，不是一朝一夕形成的，实际上这与法国人的居住习惯密切相关。比如，一般的法国农民住宅都有装“卷帘窗”的习惯，这种“卷帘窗”夏天遮阳，冬天防风，非常实用。以前的“卷帘窗”大多是木制的，后来又有了铁制的。人们不断开发研制出各种轻型保暖的、散热透气性能好的新型“卷帘窗”材质。

再如，法国的楼房不管有几层，一般每家每户都有自己的地下储藏室或室内储物室，甚至是两者都有。这样居民可以把暂时不用的东西放在里面，从而保持室内环境的美观。

法国住宅的节能性，也与一些古老的习俗密切相关。比如壁炉，无论住别墅还是楼房，在冬天，法国家庭的壁炉都烧得特别暖和，用来烧火的树枝都是政府确认“无用”的（法国城市周边很多绿化树林都是半人工的，很多树木到一定的年龄或者为了防病，就需要砍伐，附近居民可以拿回家烧）。当然，这与法国的气候也有关系，法国的冬天不太冷，使用壁炉可以省电省气。

新建的房屋一般使用工业原料建造，很少使用天然石料（法国传统的民房大多用石头砌成），所以近几年还有厂家专门生产用砖块（砖的热比性能更好）砌成的“环保”壁炉，这类产品就很受市场欢迎。

很多乡村居民动手“自建”和“老房翻新”。对这些项目，人们的环保意识更强，对环保材料的使用也更为普遍。

据某记者自述，他的一位朋友买了幢老房子，需要彻底翻新并增大面积。于是在政府部门办好相关的许可证后，他专门请来设计师改造厕所，以保证下水道通畅的同时还能节水，并且不污染周边环境（如果是独门独院，通常需要房子周围至少有 400 平方米左右的绿地，否则无法安装下水道）。另外，翻修时这位朋友还打了个“通风井”。这种“通风井”位于室内大约一二米深的地方，通过埋在地下的管子和室外相通，可在夏季和冬季时调节室内温度，被认为是一种天然的空调，同时可节省天然气或电，算是一举两得。其他如在屋顶放一层麻毡隔音保温，尽量使用节能电插座，屋顶装上家用太阳能装置等节能措施，也是很常见的。

第四章　法国农民的教育

法国的农民教育历史悠久。大革命以后的农业复兴导致了法国的繁荣，农民因此也形成了很强的实力，对后代的教育有迫切要求，这些要求引起法国政府的重视。1848 年 10 月 3 日，法国国民议会批准在图鲁兹建立了法国历史上第一所农业技术学校。1960 年以后，法国对农民教育进行了调整和改革，建立了以高等农民教育、中等农民教育和农民职业培训为主要内容的农民教育体系。

第一节　农民教育的两种模式

一、培训中心

培训中心是农业发展的主力，在农村地方经济发展过程中有着不可或缺的作用。培训中心与地方经济组织之间建立了牢固的协作关系，这在很大程度上突出了培训中心工作的价值，使受训者学有所用。

（一）培训中心的开设与当地农村条件相结合

法国在广大农村地区建立了许多小规模（每个培训中心大约可接纳 200~500 名受教育者）的培训机构，这些机构均匀地分布在各个地区，形成一个相互联系又各自独立的网络体系，极大地提高了培训机构对农村发展的促进作用。网络式培训中心的建立一般遵循以下原则：

1. 就近原则

培训机构的选址照顾到大多数的受训者，按照就近原则，主动接近主要的服务对象，为受训者提供方便。就近培训的好处还体现在：经济的飞速发展，各种技术的更新日益加快，要求人们必须不断地接受新技术、新知识，需要及时、尽快地进行培训，就近培训则能在第一时间里满足他们的需要；另外，由于有相当一部分接受过培训的人选择在当地生活或工作，能经常和培训机构沟通与交流，他们的创业情况或技能应用情况可以得到及时反馈，有利于培训中心的改革与发展，促使培训机构紧跟本地的经济发展状况进行培训服务。

2. 特色原则

法国农村的差异性很大，作为农民教育培训机构，只有了解和掌握当地的情况，才能更好地为当地的经济发展服务。培训机构事先做了大量的调查工作，针对自己所服务地区的产业特色，发掘所急需解决的问题，就此有针对性地确定培训内容，开设特色专业，提高服务效益。如农场区的经济，它主要依靠的是多种经营，那么，这个农场区附近的培训中心便把多种经营的内容纳入培训计划。

3. 灵活多样原则

法国培训中心的培训时间灵活性强，针对农村的忙闲特点，采取“农忙少上课，农闲多上课”以及“课堂与生产基地相结合”的灵活性原则，课程门类齐全，任学员挑选。学员每上一门课，及格就给予一定学分。

（二）依靠生产基地开展培训

依靠生产基地开展培训是一个双赢的措施。培训中心开设在诸如农场等生产基地，能较好的将理论与实践联系起来，受训学员还可以到农场参加实践活动，在生产第一线实习，为将来就业做好准备；同时，也可使生产基地的人员亲眼看见技术革新的效果，消除他们对培训技术的疑虑，加强了生产基地和培训中心的联系。生产基地若出现技术上解决不了的问题首先想到的是请培训中心的专家帮忙，从而提高了培训机构的声誉。

案例：

农场主培训

78省谷物及蔬菜联合农场和77省布里约综合农场的农场主安东尼奥和伊文虽然都没有进过专业学校，但实际水平和操作能力已经完全达到甚至超过了本科水平。他们分别耕种几百公顷土地，管理着十几名农业职工，种养和经营着谷物、蔬菜、奶牛、旅游饭店。他们不但对农作物的生产环节了如指掌，还掌握了各种机械设备的使用，甚至自己动手设计制造仓房、榨油机，能利用微机系统监控产品的加工、包装、入库等。他们熟悉经营之道，时刻掌握市场的变化。而这些技能的掌握，基本上是从政府所提供的经常性的培训中学到的。

二、农民教育学校

法国的农业学校集中了一定的人力、物力和技术力量，紧紧围绕农村经济建设这个中心，充分发挥教育战线的智力和技术优势，构建和完善农村劳动者的教育培训体系和科技成果转化推广体系，已成为农村发展的重要支柱。

1. 农业学校亦是网络式培训机构的中心，其周围围绕着一大批由学生家长、老校友、专业组织的技术员以及各种开发组织组成的网络，有利于信息的传递。

2. 农业学校的教师队伍呈多学科模式，包括工程师、技术员等专业人员和普通教育老师，他们能在最短的时间内将新近研究的成果应用于实践，以更快地提高农村生产力。农业学校的老师参与应用研究和技术传播活动，这不仅有利于老师尽快地将农业方面的知识传授给从业人员，而且也丰富了教师的教学内容。

3. 学校专门培养能够繁荣地方社会和文化生活的人才，他们可以选定一门能推动农村发展的农民教育课程，加入到多学科教学队伍中，具有随时解决问题的能力。农业学校既是技术的传播者，又是地区繁荣、开展文化活动和社会与经济革新的推动者。

4. 农业学校的学生在多学科教学队伍的指导下，经常对本地区进行调查研究，他们能够摸清和分析本地所存在的问题，了解其存在的价值，以便就问题展开讨论，寻找解决方法。

5. 学校与外界合作。学校面向农村并不是单向的，教师参与实验、应用研究和普及活动加强了研究人员、技术人员和农业顾问所进行的活动。反过来，这些人员又为培训活动带来了知识经验充实了培训内容。同时，他们之间良好的协作关系，也为学生的实习提供了方便。

此外，法国政府的农业部还提供农民的职业继续教育。如果有农民要离开农业，形成农业劳动力转移，农业部则向他们提供再就业的各种职业教育；若有城市青年愿意到农村务农，农业部就为他们提供 1 年或是 2 年的农业基础教育，给予一定的优惠政策。帮助他们通过职业证书或文凭的考试。为此，法国的农业部在农村设有这两种继续教育基金，以保证城市与农村之间劳动力的相互转移。

第二节 农民教育的作用

法国的农民教育对于法国农业的发展和在农业现代化过程中

的作用是明显的，它具体体现在以下几个方面：

一、提高农民的文化技术素质

法国的传统农业与中国的传统农业有许多共同点，手工劳动，小本经营，生产落后，形成了小片土地经营者的小农意识。随着农民教育的发展和农民文化素质的提高，农民队伍已经发生了根本性的变化，用科学技术武装起来的新一代农场主，已经代替昔日较为封闭、守旧的小农。1950年以前法国农业劳动者中文盲、半文盲的人数占1/3左右，而今已有25%左右的农场主接受过中等以上的专业培训，这一进步无疑对农业的发展和农业现代化的实现提供了最必要的基础条件。特别是为农业的科学管理和现代机械装备的广泛运用创造了先决条件。在诺曼底有两个家庭农场，一户是小型农场，经营18公顷土地，农场主是中专毕业生；一户是中等农场，经营33公顷土地和一个小型乳品加工厂，户主是大专毕业生。他们都参加了合作社，在经营管理上比较规范，不仅有近期生产计划，而且有中长期发展规划，虽然家庭里只有夫妻和孩子，但财务上都建立了完全符合会计规范的详细账册。在中国农垦中心对他们进行访问时，农场主拿出账本向他们详细地介绍了农场生产经营状况和家庭收支情况。从我们所接触到的农场主身上已经看不到传统小农的任何印记，科学文化赋予了他们全新的面貌。

二、促进商品经济的发展

如前所述，法国已经成为世界上主要农产品出口大国，拥有世界上第一流的农产品批发中心和农业合作银行（资本额居法国第1位，欧洲第5位）。然而，这是历史演进的结果，在传统农业下，法国农业像中国农业一样是一种自给、半自给的小农经济。芒什省农业校长称“法国人不是好商人，不会做生意”。但随着教育事业的发展和文化水平的提高，新一代农民已摆脱了传统农业的束缚，他们一方面比自己的前辈更有竞争意识和市场观念，另一方面，建立了各种流通合作社和发展商品经济的服务组织来克服商品生产中的各种障碍。如农业公会，它既是官方机构，又是农业职业组织，可以为农场提供最广泛的服务，包括发展咨询、土地整治、商品科技信息、人员培训、图书资料等。它同政府部门、与农业相关联的部门、企事业单位都保持着密切的联系，对商品经济的发展起着指导和促进作用。这一切都是传统小农想不出来也办不到的。

三、促进现代机械设备和科学技术的广泛采用

法国著名的经济学家约瑟夫·克拉兹曼把技术迅速进步看作法国农业演变的最重要的现象，这是有道理的。因为科学技术的进步不仅迅速提高了农业的产量和农业劳动生产率，而且改变了农业的经营方式和整个农业的面貌。

如在芒什省有一家谷物农场，不仅实现了生产过程的全盘机械化，广泛使用了化肥、农药，而且把遗传工程应用到良种培育上，还要每三年对土壤进行一次测试分析，进行配方施肥。每年要对小麦进行 3~4 次综合诊断，植保采用卫生手段等等。每亩产量是硬小麦 660 公斤，软小麦 600 公斤，不但远远超过传统农业，也超过科学管理水平较低的农场。据测定，在法国现有条件下，每公顷土地总收入，采用传统型经营为 8000~9000 法郎；采用现代科学技术经营为 1.4 万 ~1.5 万法郎，两者收入比例为 1：1.5。

科学技术的进步，归根结底是经营者的进步，是经营者科学文化素质的提高，而其中起决定性作用的还是教育的普及和提高。通过中国农垦中心对法国农业的考察，我们可以更深刻、更

具体地认识到在农业现代化过程中，农民教育的作用是不容忽视的。达到法国目前这样的生产水平，如果没有教育的普及，没有农民文化技术素质的提高是不可想象的。

第三节 法国农业教育成功的经验

法国农业从传统的经营方式成功过渡到现代化的经营方式，农民教育功不可没。在过去的几十年中，法国农民教育积累的许多成功经验值得全世界向他们学习。

一、政府的大力扶持

（一）政府教育补贴

政府的大量投入，保证了农民教育的计划真正落到实处。培训费用除从农业职工中少量收取及大型农业联合企业、科研部门的部分支持外，绝大部分费用由国家承担。此外，国家还承担场地和设施、配备教师和工作人员的费用。每年国家开办的各类农业培训在6000次以上，加上地方一些专门机构和企业办的培训达1.2万多次，有5万多人参加各种培训。

（二）政府培训计划

法国政府对农民的教育有完整的计划,除了建立一整套从上到下的培训要求和体制外,每年还有针对性地设计培训方案和计划。

法国农业部培训部的让·兰先生介绍说，国家从培养有志从事农业生产的青年人做起，认为从年轻时就开始对农业方面知识的培养非常重要。初中毕业后14~16岁的青少年就可以受到农业专业知识方面的学习教育，并把学习教育作为今后获取农业专业技术职称的必要条件。学历教育从初级到高级，从中专、大专到本科一应俱全。课程安排着眼于长远，学生可根据自己的需要确定参加某个阶段的学习并取得相应的专业文凭。法国政府要求，农民最低应具有高中和农业技校水平。因此，除正规教育外，国家还不拘形式大力发展职业教育和成人培训，并讲求实效。

二、农民的普遍参与

第二次世界大战后，法国从事农业生产的人数减少了一半以上，这同农业劳动生产率的大幅度提高、农业机械的广泛应用、程序化自动化程度提高密切相关。如何解决农产品需求的大量增加与农业生产的利润空间越来越狭窄，特别是农业劳动力的使用成本较高的矛盾成为法国农民面临的难题。另外，科技含量高、品质优良的产品更易销售等诸多因素的存在，都迫使法国农场主必须具备多方面的管理知识和操作技能，既当老板又当员工。通过参加学习培训，农场主可以尽快引进、掌握和使用新技术、新设备以降低成本。因此，主动要求参加学习培训，以获取更多新的信息、技术，已成为法国农场主的自觉行为。

另外，在法国，农场大都以私营为主，经营规模不大，平均耕地 42 公顷，耕地在 100 公顷以上的只占 10%，大企业兼并小农场的竞争很激烈，这使得农业职工和农场主自身必须要掌握多种复杂的农业生产、经营及管理技能，既要会农作物的栽培、管理，又要熟练使用各种农业机械，还要懂得产品的加工、销售，仓储等，不参加培训就无法系统全面地掌握和提高这些技能。

值得注意的是，法国农业培训从一开始就要使学员了解农业可持续发展的道理，懂得环境保护对农业的重要意义，认清提高农产品质量和增加农业收人的关系，以尽快适应农产品市场的各种变化。受过培训的法国农民能够应付农业生产经营中有可能发生的危机，有序地参与市场竞争，服从市场调节和配额生产，严格履行生产质量标准。

第五章　法国农民的社会保障

第一节 法国的社会保障制度

法国建立全面的社会保险制度可以追溯到 1928~1930 年。在此前，1910 年法国为雇员建立了强制性养老保险制度，在这之后的许多年中，这个制度一直在不断地完善，这些不同的保险制度构成了现代社会保险体系的基础。1945 年，法国将社会保障体系的目标定义为：保护工人和他们的家庭成员抵抗所有会影响或中止他们工作的风险，覆盖到生育假期和家庭支出。最开始的目标是建立一个统一的体系，但是特别行业计划中的特定社会群体待遇不愿意将农民包括到新的体系中。因此，实行统一体系的设想从一开始就存在问题，而且从未实现过。

现在，法国社会保障体系包括 145 个基本制度，其中 122 个是工薪人员待遇，19 个是非工薪和非农业人员待遇。其中，工薪人员的社会保障制度(就是所谓的一般制度)是最重要的。它覆盖人数多，而且是唯一覆盖到大部分风险的制度。可以分为四部分：医疗保险、工伤保险、家庭保险和养老保险。失业津贴计划不是由社会保障制度提供的，而是从 1959 年就由社会合伙人管理和控制。补充保险制度(保健、养老)对基本社会保障制度进行补充和完善。其中一些是强制性的，特别是和退休有关的大部分都是强制性的。

为了能更清晰地了解法国社会保障制度的概况，下面我们将分项介绍各种社会保障制度的内容：

一、医疗保险制度

社会保险中的医疗保险主要覆盖工薪者。非工薪者可以加入私人保险。对无法承担保险费的人，保费就由社会救助来缴纳。目前，法国正在引入统一的医疗保险计划，医疗保险制度将不断完善。

(一) 医疗保险支付

医疗保险对所有参保人员进行支付。支付率取决于照顾的性质，补充医疗保险提高了支付率，有时甚至能达到100%。平均支付率(包括基本和补充)从1978年的84.4%降到1993年的81.5%。这可以用社会保障制度整体的支付率降低来进行解释。

(二) 医疗、生育和意外伤害津贴

患病、生育或者遭遇意外伤害的时候，所有的工薪者都可以得到部分的收入津贴，这一待遇是由社会保障制度进行支付的，许多情况下，雇主提供补充津贴。参保雇员患病3天后将获得由医疗保险提供一份津贴。这个津贴平均每年最长支付120天，如果是慢性病的话，支付3年。津贴金额前30天内，相当于工资的一半，如果患者有3个以上的孩子，就可以得到工资额的2/3。津贴和正常工资之间的差额由补充职业或私人保险计划来补齐。如果工作期间发生了意外，津贴第一个月内相当于工资的60%，之后为80%。雇员伤残期间一直支付。如果是永久性伤残，受害者有权利获得一份年金，数额取决于他之前的收入和伤残的程度。每种津贴都有下限和上限，生育津贴支付期最低为16周，数额随着已有孩子数而不同，并根据每胎孩子的个数进行调整。

二、失业保险制度

法国失业保险分为两种失业津贴：由传统的保险制度支付的津贴和由救助制度支付的津贴。最近几年来，津贴领取资格有了一定的限制。

（一）失业保险

新的失业保险法律从1997年1月1日开始实行。领取津贴的时间取决于被保险人的缴费年限。每月金额建立在被保险人最近12个月个人平均收入基础上，随着失业时间增加而减少。

（二）社会救助

特别统筹津贴是一种由政府筹资的失业保险待遇。支付给那些行使完他们失业待遇权利，但是最近十年中有五年以上时间在工作的人。特别统筹津贴的受益期限是6个月，还可以更新。不必继续寻找工作的人(比如达到一定年龄)可以一直领取特别统筹津贴，直到有了收入。

（三）其他失业人员

由于领取资格限制，无法享受失业保险津贴和社会救助津贴的失业人口急剧增长。因此，许多年轻和单身的失业者面临着严峻的生活境况。紧急救助组织的人员也对此进行了证实：越来越多年轻人因为失业而去敲他们的门。

三、家庭津贴制度

家庭津贴是面向普通家庭、年轻家庭以及单亲家庭的。它对贫困家庭有一定倾向性， 近一半的津贴是通过收入调查后发放的。同时，还有一种倾向是津贴在孩子出生时就发放， 而不是在抚育期间发放。家庭津贴的金额随着孩子的数量增长而增长，随着家庭收入增多而减少。

四、养老保险制度

法国养老保险体制是多样化的，结构较为复杂，基于行业的不同，在融资、缴费和享受上都有较大差异，为此国家要制定相互补偿平衡的办法，即让好的行业补偿差的行业。法国的养老保险体制的特点是：

1. 基本养老保险制度的普遍性，即所有劳动者都要参与，还建有相应的补偿制度；

2. 传统上由行业来组织，分私营企业劳动者、个体和自由择业者、其他劳动者等三部分；

3. 在融资方式上，是统筹集资，现收现付制，是社会财富的再分配和再转移形式；

4. 为劳动者提供较高水平的保障，在相当程度上，养老金占工资的较大比例，法国退休人员是有保障的，并且他们还有一定的资产可以获利。随着人口的老龄化，养老金的融资是主要问题，20世纪90年代有人提出应该降低养老金，建立补充养老保险制度。养老金主要还是采取积累制方式来筹资，另外还可建立养老金基金，加强基金的运作和管理，1995年后政府还采取增加社会保障税收来补充养老金的方式。

五、社会救助制度

法国是世界上最发达的国家之一，但也有贫困人群。据1997年统计，法国有7%的人生活在贫困线以下。

建立社会保障制度、实施社会救助，主要是为了避免风险，保障公民基本的生存和发展的权利。在法国实施社会救助主要有两种方式：一是最低工资，二是社会福利补助。最低工资并不是按照工人具体的劳动情况来确定，而是按经济增长和社会价格的变动来调节，它不需要参加统筹就可以获得，在实施过程中，不同的地区也会出现差异。

总的说来，法国社会保障的内容比较广泛，对全社会不同层次的人群都充分地予以考虑。但是，一般情况下，农民们最关心的主要体现在两个方面，一个是医疗，另一个就是养老。这两个问题在法国到底是如何解决的呢？在下面的两节中，我们将就农民关心的问题进行详细介绍。

第二节 法国农民的医疗保险

法国是一个医疗保险覆盖得比较全面的国家，其基本宗旨就是方便国民就医，使患者得到及时治疗；协助他们承担大部分的医疗费用，使国民的个人医疗费用的负担降至各自支付的最低范围之内，又不至于过多地增加政府的财政负担，从而体现出互助共济的精神。法国的现行法律规定，在法国领土上居住的居民，必须加入基本医疗保险。

在众多的医疗保险类别中，与农民关系最密切的就是“农民基本医疗保险”。这个保险机构隶属于法国就业与供给部管理，它覆盖了农业工薪者、农业经营者以及他们的家属，占全国人口的7.84%。

一、基本医疗保险的运作

（一）医疗保险的资金来源

依照历史沿革形成的传统，法国基本医疗保险基金主要来源于缴费，农民根据自身的收入缴纳保险费，其数额按收入比例确定。20世纪40年代末，法国规定了缴费的最高限额，对于高收入者几乎算不上什么负担。

1967年以后，由于医疗开支日益加大，缴费取消最高限额，实行双轨制。收入在某一规定限额以下者为一比率，以上者为另一比率，根据收入总额计算缴费额。1984年取消双轨制，缴费额又逐年上升。1992年1月1日以后，雇主的缴费比率达到其工资开支总额的12.8%，工薪者本人缴费额占其收入的6.8%。到目前为止，不仅在职者缴费，领取退休金和失业金的人也要缴费。到1995年，退休人员缴费额达到其收入的1.4%，补充保险金缴费相当于其收入的2.4%。

除此之外的其他医疗保险制度，对一般农民来说都是遥不可及的，因为它们的缴费比例一般都高于基本医疗保险，根据行业和阶层的差异，各自享受的待遇也不尽相同。例如国家正式职员，他们在住院时，不但可按比例享受医药医疗费用补助，而且还可以领取每天病假生活补贴，以使其被扣除的工资损失得到部分或全部补偿。法国医疗保险金的支付主要体现在对患者的医药费的报销比例上。总的来说，法国的基本医疗保险只能报销患者医药费总支出的2/3。另外1/3需要患者自理，或采取补充医疗保险等办法解决。这在宏观上有效地控制了医疗费用的开支。当然，对一些特殊情况也可以实行一定程度的减免。

（二）医疗保险的运行特点

1. 在通常情况下，投保者有权自由选择普通科医生。1996年改革条例出台后，患者必须在普通科医生推荐下方可找专科医生诊治。其中所需费用到自己投保的医疗保险部门报销，报销比例在2/3至3/4之间。

2. 享受医疗服务，必须由社会保险部门认可的医生开出处方，所享受的医疗服务项目和药品都制定了严格的范围和目录。药品只限品种，不限数量。某些特殊医疗项目，必须事先征得医疗保险部门认定的监督顾问的同意。

3. 患者医疗费用的报销比例根据医疗方式(如住院或门诊)、疾病种类、药品功能的差异而有所差别。在一般情况下，住院治疗的自理费用比例低于门诊的比例。从1993年8月1日起，在医生门诊费中，自理部分为30%；辅助治疗及化验检查支出中，自理部分为40%；绝大多数普通药品支出自理35%；有些药品，如价格特别昂贵或不可替代的药品，自理部分也可能为零；某些滋补强身的药品，自理部分可高达65%，甚至不能报销。总之，住院的全部费用，自理部分大约占20%。

4. 为体现国家鼓励生育，法国实行照顾危重患者，防止疫情扩散，抚恤军人等社会政策，患者医疗费用自理部分在下列情况下可以适当减免：接受不育症治疗或检查者；6个月以上直至分娩前住院的孕妇；住院期超过1个月的患者；癌症、糖尿病、艾滋病患者；接受复杂手术费用高达一定数额的患者；出生不足1个月的住院婴儿；领取养老金和抚恤金的退役军人。有疫情扩散危险的传染病人医疗费用全免。

二、医疗保险的监督体系

法国为了使社会保障基金运行正常、规范，建立了监督体系。这个体系可分为6个部分，从不同角度构成一个有效的监督网。

1. 立法机关监督。国民议会审查、批准社会保险基金预算。

2. 行政监督。就业与互济部主要负责：一是对全国基金会董事会的监督，如审批董事会章程，审查新当选董事的资格，董事会发生危机时有权解散它，组成临时董事会。二是负责全国基金会主任、副主任、财务主任的任免；对地方基金会主任、副主任、财务主任任职半年至一年后予以确认。三是审批劳资双方的社会保险协议，医疗保险基金会与医生行会的协议。四是审批基金会不动产、计算机、网络建设方面的报告，与财政部共同审批基金会经费预算。五是对地方基金会监管。

3. 财务监督。财政部及其派驻地方的专员对基金财务制度和财务运转进行监督。

4. 审计监督。由审计法院负责对基金会进行审计；向国民议会提交社会保险基金财务审计报告；应国民议会社会事务委员会的要求，对基金会进行调查：公布需要公开的审计结果。审计法院在各省有派驻机构，称为社会保险审计省级委员会，由驻省的财政专员、卫生与社会事务局的人员、农业部驻省的人员，负责对本省的基金会进行审计监督。

5. 外部监督。社会事务总监和财政事务总监(分别在就业与互济部、财政部工作，但不属于两部人员)在以下方面进行监督，一是根据对基金会的审查报告提出意见；二是确定地方卫生与社会事务局推荐的地方基金会领导后备名单。社会保险监督委员会由国会议员任主任，政府代表、基金会董事会主席、基金会主任组成。该委员会不进行具体检查，主要是研究分析各类报告、材料后向国民议会提交研究报告。法国共有医疗、养老、家庭补贴等8个监督委员会。

6. 内部监督。全国基金会对地方基金会的基金支出、基金会经费预算执行情况和法律、政策执行情况进行监督，并负责地方基金会主任、副主任、财务主任任免事项。

第三节 法国农民的养老保险

法国针对农民保险金给付分为两部分，一部分是农场主、农场主的配偶和共同劳作的其他家庭成员都享有的“基本养老金”，另一部分是只能由农场主享受的“比例养老金”。农场主的两部分养老金加起来，最高数额与城镇和农场的雇员从社会养老保险所获得的最高养老金额等同。为了奖励生育贡献，对于生孩子多的农场主，养老金要多一点，具体办法是对于养3个以上孩子的农场主，从第4个孩子算起，多一个孩子养老金将增加10%。参加社会养老保险的农场主及其配偶和其他家属，必须是连续投保，投保年份少于37.5年时养老金要减低，投保时间每少4个月，养老金减少2.5%。

从2003年起，法国政府试图通过一系列增收节支改革措施来消化和弥补人口老龄化给基本养老保险基金造成的巨额赤字，力求确保各基本养老保险在21世纪的前20年实现收支平衡。

新的养老保险改革是在坚持现收现付的基础上进行的，主要体现为以下几个方面：

一、延长就业及缴费年限，保障现有养老金给付水平

在欧盟区域内，法国养老保险待遇水平比较高，为保障现有养老金给付水平，法国采取的对策是相应延长领取全额养老金所需的缴费年限。根据2003年改革法，缴费年限的延长将分两步走：第一步是在2004~2008年期间将公共部门雇员养老制度下领取全额养老金所需的缴费年限从目前的37.5年提高到40年，达到私营部门基本养老保险制度现行标准；第二步将根据人口结构的变化，特别是人口平均预期寿命的变化，对全额年金缴费年限进行相应调整，将缴费年限与养老金领取年限比率保持在2003年水准上，以保障养老基金收支的长期平衡。改革法规定具体调整方案将根据经济、人口的实际发展变化分别在2008年、2012年和2016年调整制订。

缴费年限的延长无疑是以就业年限的延长为前提的。2003年改革法制定了一系列抑制提前退休、鼓励老龄工人继续工作的

措施。例如，通过重新整合现有的渐进式退休办法和大幅度扣减未达全额年金缴费年限的退休者的养老金的措施来抑制提前退休；通过鼓励老龄工人在条件允许的情况下实行半日工作制、执行“每多缴纳一年保费、养老金增加3%”的办法和推出“为学习期购买缴费年限”等举措来鼓励延迟退休。

二、坚持平等与公平原则

首先，对部分特殊人群，如收入水平比较低的农民、低工薪收入者、退休前参加过多个基本养老保险基金者、少年时已开始工作者、从事艰苦有害职业者等给予特别保护。如：终生只挣到法定最低工资者可从2008年起享受相当于法定最低工资85%的养老金。从14~16岁就开始工作的被保险人，如符合规定的年龄及缴费年限，仍可在60岁前退休。

其次，调整有关养老金指数、遗属年金、家庭津贴方面的规定，以统一部门及男女职工之间差别的有关规定，并使之符合最新的欧盟案例法要求。2003年改革法对养老金指数做出新的统一规定，要求政府部门与社会伙伴一起按照物价指数对养老保险待遇水平进行评估和调整，至少每三年一次，以确保退休者的购买水平。在遗属年金方面规定不再以年龄、再婚或婚龄等条件为前提，而是按个人收入与封顶线之间的差额来支付遗属年金。同时，取消了原只适用于公共部门男性雇员的年龄条件，保障男女之间的平等权利。有关家庭津贴方面的修订也保证父方享有与母方同样的权利。

三、鼓励个人建立自愿型养老储蓄年金

2003年改革法赋予个人建立养老保险储蓄年金计划的权利，并允许个人、公司或行业建立和管理这类在人们退休时为之提供

终生年金的储蓄计划；在规定的限额内，缴纳的保费可从应税收入中扣除。现行的“职员自愿储蓄计划”将转型为“职员自愿养老储蓄计划”，原10年的固定储蓄期改为退休前的工作总年限，退休时，会员可选择一次性支取或年金形式。这类措施的意图是进一步提高未来退休者的可支配养老收入水平。

四、保证2020年前所需的养老资金来源

如何弥补基本养老保险制度的资金缺口是法国2003年养老保险改革法所要解决的核心问题。据估算，如不包括私营部门职工强制补充保险，到2020年时全国各基本养老保险制度的资金缺口将达430亿欧元，2003年改革措施将减少40%资金缺口，即182亿欧元，但尚余248亿欧元的资金缺口，其中私营资金缺口98亿欧元，公共资金缺口150亿欧元。

第六章　法国农民的传统习俗

第一节 传统节日

法国是一个历史悠久的国家，在其漫长的历史过程中，必然会有一些节日具有特殊的意义。了解一个国家的农民生活，必须了解其重要的节日，才能真正体会到这个国家国民的精神风貌。法国有许多的传统节日，不可能一一列举，下面我们就四个主要的节日进行介绍：

一、圣诞节

圣诞节在法国是个传统的节日，它是纪念耶稣诞生的节日，定于每年的 12 月 25 日。对于天主教徒来说，圣诞节既是宗教节日，也是家庭节日。因此圣诞节一般是在家庭范围内举行的。

圣诞节更多的是孩子们的节日：圣诞礼物不仅送给自己的孩子，也可送给其他的孩子，比如侄儿、侄女、表弟、表妹等。有一点是在法国的圣诞节上比较忌讳的：不要送太奢华或实用的礼物。长着白胡子的圣诞老人，头戴风雪帽，身穿镶白毛皮边的大红袍，在圣诞前夜会把圣诞的礼物藏在壁炉前的鞋子里或者圣诞树里边。这种风俗越来越盛行，即使在没有孩子的家庭里，人们也喜欢圣诞节互赠礼物。圣诞节前半顿饭一般要吃牡蛎、鹅、火鸡烧块菰和板栗，或者很简单地准备一些猪血香肠和蛋糕。有些人喜欢在圣诞节时去看戏，看完戏一般都会去餐馆。但是对于家庭和密友来说，在家中一起度过圣诞前夜才是最有意思、最温馨的。

二、新年

新年在每年的1月1日，这个节日也是很快乐的节日，但活动范围更大，不仅仅在家庭范围内庆祝，而且也在朋友及一般的熟人范围内庆祝。新年前夜是大家在一起吃饭、跳舞和互敬问候的好机会。过新年可以互赠鲜花、糖果和各种礼物。孩子们也会凑钱买礼物送给父母亲或祖父母。祖父母、教父、教母会在糖果或巧克力盒里放一二张钞票。也可以给仆人、看门人或雇员送一些钱。下级或晚辈不能向长辈或上级送礼。企业老板或部门主管在过年时和雇员以及下级一起吃顿饭，然后发红包（相当于半个月或一个月工资）。

三、复活节

复活节是基督教徒一年一度的节日，是为纪念耶稣复活而形成的。复活节的日期不固定，随春分月圆的变化而变化，为每年春分（3月20日或21日）那个月月圆之后的第一个星期天，介于3月22日与4月25日之间，次日星期一放假。

这个美丽的宗教节还象征着春天的再一次来到。现在，除了给孩子们吃糖果和甜食外，复活节已不再有什么特别的庆祝活动。这一天，大人把甜鸡蛋和巧克力放在窗台上、阳台上或院子里，然后孩子们就兴高采烈地吃起来。在复活节里，人们只在亲戚和家庭中互相送礼，相互赠送熟鸡蛋画成的彩蛋、柳条筐、木雕、大理石、花或者金钟。除此以外，还可以寄赠糖果和巧克力(也是彩蛋形状的)。

据民间传说，复活节互赠彩蛋是由一位德国公爵夫人兴起的。最精心制作的复活节彩蛋甚至不是真蛋。一个叫卡尔·费伯奇的俄国珠宝商曾用金、银和珠宝做成彩蛋，打开蛋还可以看到小小的人、动物、植物和房子。传说中五彩缤纷的彩蛋是复活节兔子为乡村的孩子们留下的。复活节兔子是非常古老的复活节象征的现代说法，传说中野兔是兔子的大个子亲戚，是专供厄俄斯特女神用的圣物。

在复活节穿新衣服的习俗是在公元300年左右开始的，大约在第一个基督徒皇帝康斯坦丁时代，他下令在复活节那天朝臣们都得穿最好的衣服。

复活节也是合家团聚，或踏青郊游的日子。在西方，不少国家都把复活节定为固定假日，大学生也从这一天开始放春假。此时，正是春暖花开时节，不少地方几乎倾城而出，人们或到公园，或到野外，尽情享受节日的欢乐。

四、国庆节

7月14日是法国的国庆节。人们通常认为，法国国庆日正式确定于1789年，其实不然。虽然为纪念巴黎人民攻克巴士底狱这一光辉的日子，曾一度将1789年的7月14日作为国庆日。但1814年封建王朝复辟后，宣布7月14日为“国耻日”和“杀人犯的节日”。1870年，共和国恢复，1879年，共和党人成立了政府，议会由凡尔赛迁到了巴黎。翌年6月，法国议会正式通过法令，将1880年7月14日定为法国的国庆节，直至今日。

国庆节是法国最隆重的民众节日。7月14日，全国放假一天。节日前夕，家家户户都挂起国旗，所有建筑物和公共场所都饰以彩灯和花环，街头路口架起一座座饰有红、白、蓝三色布帷的露天舞台，管弦乐队在台上演奏着民间流行乐曲。13日、14日晚上，狂欢的人群纷纷拥向街头，脖子上围着红、白、蓝三色彩带，随着音乐跳起欢快的卡马尼奥舞及其他民间舞蹈。

国庆节那天，与城市里检阅陆、海、空三军仪仗队不同，在农村，接受“检阅”的是消防队员。他们身着制服，吹着号，打着鼓，列队穿过欢呼的人群。而后，他们还要在教堂前的空场上举行灭火演习。这之后，人们在广场中央竖起一根“夺彩竿”，高大的竿子上挂有火腿、香肠以及烟酒等奖品，谁能爬至竿顶，奖品便归谁所有。入夜后，也同城市里一样，焰火辉映着彩旗和灯笼，爆竹声、欢呼声此起彼伏，震耳欲聋，人们欢快地唱呀，跳呀，直至深夜。

第二节 婚丧嫁娶

一、结婚

（一）婚约和嫁妆

婚约就是结婚公证，是在结婚双方之间建立契约关系，以便管理他们各自的财产。结婚公证书应在公证人的监督下当着结婚双方的面宣读。

另外，在法国，新娘的嫁妆并不是非有不可的。嫁妆可以是在结婚之日存入的一笔钱，也可以是一笔年金的年息。

（二）婚礼

1. 世俗婚礼

在巴黎，如果在星期二、星期四和星期六上午举行婚礼，世俗婚礼就是免费的；其他时间结婚则应该交一些费用（无论多少都可以），用于当地的慈善事业。市政府办事机构提供可用场所名单。世俗婚礼一般在结婚弥撒前一二天举行。除新郎新娘外，世俗婚礼上只有双方父母亲、挚友和证婚人。

证婚人一般由新郎新娘各选出两个人来担任；不过现在一般新婚夫妇只共同选出两位证婚人：新娘一位，新郎一位。证婚人可由新郎新娘的亲戚担任，好朋友、直接上级、重要人物或者是新郎新娘的叔伯、兄弟或姐妹都可以担任证婚人。被选作证婚人的人是很难推辞这份荣誉的，不过可以不参加婚宴和迎宾。证婚人应该送一份比一般客人更重的礼物。按礼仪规则，证婚人应在新郎新娘之前先到市政府。让新郎新娘等候是很失礼的。新郎新娘进入市政府时不可以手挽手，新郎新娘并排站在市长面前，证婚人站在新郎新娘后面。仪式结束后，新郎要给市政府有关工作人员一些喜钱。

2. 宗教婚礼

今天的法国仍有许多人在举行完世俗婚礼后，再在教堂里举行一次宗教婚礼。对于真正虔诚的天主教徒来说，已被市长称为“夫人”的新娘要在宗教仪式后才配得上这个称号，此前应称新娘为“小姐”。

（三）婚礼着装

1. 新人着装

新娘可以选择古典式的白色长拖裾裙，或者长袖，或者半长袖，或者带罗纱，或者带花边的衣裙。新娘应画淡妆，施薄粉，施一点儿唇膏，眼部不化妆，涂抹无色指甲油，喷一点淡淡的香水。

如果是盛大的结婚仪式，新郎就要穿着深灰色或黑色的紧身礼服（人们现在几乎不再穿了），比较有光泽的下装，白衬衣，纯灰的丝质领带。比较有光泽的灰手套，精致但朴素大方的黑皮鞋。无尾长礼服已不再作为结婚礼服。如果是简单婚礼，新郎一般穿黑色、海军蓝或深灰色西服套装；白衬衣，灰领带，黑皮鞋。军官结婚要着戎装，并佩带军衔和奖章。

2. 客人着装

迎亲送亲的女士穿常规的、优美的长裙。如果是很盛大的婚礼，迎亲送亲的女士一般就应穿色调柔和的长裙，诸如淡灰褐、淡紫色、灰蓝色等。参加婚礼的其他年轻女子可以穿得鲜艳一些，但不能太显眼，以便使新娘能显得很突出。

迎亲送亲的男士穿日常外出穿的海军蓝或深灰色套装即可。

(四) 迎亲仪仗

市政府、教堂的仪式结束后，新郎新娘和迎亲者进入教堂结婚登记室，新郎新娘在结婚证上签字，接受亲友的祝福。

迎亲的队伍有时人很多，新郎新娘和双方父母亲都很累，所以礼仪上要求祝福拥抱和话语尽量简短。迎亲游行时不能喧闹张扬，不能指指点点，更不能故意拥挤打闹。游行应尽量简短，客人的祝福话语也应简短，握握手，说“衷心的祝福”、“恭喜恭喜”，或者加上一句如“真漂亮，你真是美极了”。除了新娘的挚友，一般客人是不能亲吻新娘的。在其他不认识的客人面前，只微笑着点点头即可。

二、丧葬礼仪

亲人临终时，要尽量避免孩子在场。一般由死者最亲的人守在其身边，为其抚合双眼。

(一) 悼唁

得知亲戚或朋友去世，一般都应前往死者家中悼唁。悼唁时的言行均简短谨慎，简短地表达对死者的赞辞和自己的悲痛之情，不宜哭出声，不宜问死者得的是什么病或去世时的情景等。如果到死者遗体前送别，进房时动作要轻，不要讲话。如果死者是天主教徒且其家人也是信徒，则可以取一枝祝圣过的树枝，在空中划一下，再在死者遗体前划十字，然后跪在遗体前祈祷一会儿。离开时还应面对遗体，在胸前划十字。不能和站在遗体旁的守卫者握手，只要点点头即可。

（二）鲜花和花圈

如果讣告中已注明“不收鲜花及花圈”，就不再送鲜花和花圈；不过在死者床边放上一小束花还是可以的。一般情况下，死者的朋友、上级、合作者等相关人士都在葬礼前向死者送花或花圈，并在鲜花或花圈中放上自己的名片。

（三）送葬

在乡村，送葬时大家应该全都到墓地；在城市则只由亲属和生前挚友送到墓地。从墓地回来，送葬的人们回到死者家，一起吃一顿事先准备好的便饭。也有人会事先在餐馆订好包间。在丧宴上的谈吐很谨慎，不太提及死者，可以谈论一些与此无关的一般事情。

第三节 农民盛会

一年一度在巴黎凡尔赛门展览场举行的“巴黎国际农业博览会”是目前世界上规模最大、参观人数最多的农业博览会之一，也是法国农业劳动者一年中最大的一次聚会。届时，他们不但可以展销自己的产品，而且可以在博览会所属的“法国全国农业竞赛大会”上参加各种农产品和畜牧产品的评比，争夺法国优质农产品和最优牲畜的荣誉，进而获得国家的奖励。

下面我们介绍一下“第 18 届国际农业博览会”和“第 90 届法国全国农业竞赛大会”的盛况。

在“第 18 届国际农业博览会”上，牛展区展出的共有法国 21 个品系 470 头种牛和奶牛，它们都是往年各省和地区两级比赛的获胜者。在展出过程中，它们要在“第 90 届法国全国农业竞赛大会”上进行国家一级的评比，按品系、年龄和用途等分组评出国家冠军和其他级别的称号。这470头牛的档案及其牛奶样品已送到评比委员会供审查和化验分析，进行初选。奶牛的评比条件，不光只是产奶量高，为了向消费者提供高质量的牛奶，含脂率和蛋白质含量的高低是重要的评比标准，另外还要综合评比奶牛的各种生长指标。在评比大会上，饲养者牵着牛在坐满专家的看台之前一遍又一遍地走过，以展示牛的体态、毛色和走态，并随时回答专家提出的问题。专家们聚精会神地为牛打各种分数，然后集中送入计算机，最后按平均分数选出最优者。

在这届博览会上，法国一共展出了21个品系的牛、24个品系的绵羊和山羊、4个品系的猪和13个品系的马，共达2300多头。这些品种优良、用途广泛的牲畜，个个体大膘肥，毛光体亮，其中有适应法国各地气候和地理条件的肉牛，也有适应不同粗精饲料的高产奶牛，有生长快、瘦肉率高的肉猪，也有繁殖快、产仔多的良种母猪。

农业竞赛大会除进行为时一周的牧畜评比外，还有家禽、狗等家养动物的评比。在博览会开幕的前两天还进行了各种农产品的评比。这是一项受到政府重视的活动。据博览会新闻处的官员介绍，政府邀请了本国共1700多位专家作为评判员，还特邀了9个西欧国家的50多位专家、40多位法国和外国记者监督评比活动。专家们按专长分组，共对5000多种法国农产品进行严格认真地评比，最后选出的获奖农产品除受到国家奖励外，还有权在本产品商标上印有法国全国农业竞赛大会获奖的特殊标记，并作为法国优质农产品受到通报表扬，从而得到国际市场的承认，以利于推销和出口。

在本届农业竞赛大会上，法国的名牌奶酪起到了不可忽视的商业广告和推销作用。在评比现场，只见长长的两大排桌子上摆满了各种各样的奶酪，它们没有经过任何包装，千姿百态，色彩各异，有的大如磨盘，有的小如酒盅，有的金光闪烁，有的色灰如霉。其中那种怪味扑鼻的羊奶酪就是便于储存、被法国人引为骄傲的奶制“臭豆腐”，使大家大开了眼界。

令人最感兴趣的是在博览会开幕前一天举行的赛酒大会。会场设在主厅中心，占地有一个足球场大，看台上的观众兴趣颇浓，议论纷纷。经农业部挑选来的1400多名来自酒农、酿酒商、批发商和酒店主的品酒专家坐满了整个会场，他们对法国20个地区所产的200多种葡萄酒和烈性酒进行品尝鉴定，按酒种划为评比区，每区都摆满了方桌，每桌坐6名专家。专家们一面嚼着面包、一面举杯观察酒色，认真地品味着一瓶瓶没有贴商标、只写有号码的葡萄酒，然后各自在专门设计的表格上写上所品酒的色、香、舌感和纯度四种分数。据介绍，这些品酒专家年龄最小的18岁，最大的是一位82岁的老太太，她鹤发童颜，兴致勃勃，品酒方式与众不同，别人都是用大会的专用杯品酒，品后都把酒吐掉，而这位老太太用自带的银杯品酒，口口都咽下肚，面对每轮14瓶供6人品尝的葡萄酒，谈笑风生，酒量如海。她告诉大家，她从1946年就应聘参加全国品酒大会，至今已35年了。每次品酒结果都与大会最后公布的结果相差无几。由于丰富的品酒经验，她曾多次受到政府的奖励。

如今法国农业发展了，农民生活水平提高了，但农业人口流失的问题依然存在，目前面临的困难是，如何在全球化的背景下继续维持法国农民原有的生活水平、生活方式和农业经营习惯。从这个意义上来说，法国农业博览会能够使城里人关心农村，增加城乡交流，既可以集思广益，发挥集体的智慧，探索解决农业问题的途径，又可以通过十天的参观和热闹的气氛，让农民感受到全社会的关心，心理上得到某种补偿。

第七章　日本农民生产与收入

第一节　日本农业生产的现代化

日本在明治维新时期（1868~1912年）开始发展现代化的农业，从国外引进作物和牲畜的优良品种，学习国外先进的栽培技术，促进了农业发展。但从20世纪30年代发动侵华战争到第二次世界大战期间，日本的农业生产遭到了严重破坏，谷物产量下降，耕地面积减少。战后，农业从恢复走向快速发展，劳动生产率大大提高，实现了农业生产机械化、信息化。

一、农业生产的机械化

水稻是日本最主要的粮食作物，日本农业机械化的推进也充分体现在大米生产方式的变化中。在20世纪70年代中后期，虽然许多农业生产还需要大量劳力，但是生产大米的日本农民基本告别了繁重的劳动过程，不再依赖于畜力和人力，大米生产实现了较高的机械化水平。在收割方面，日本农民已经抛弃了费时费力的手工收割，每100户农家中约有33户拥有动力割捆机，还有11户农民拥有联合收割机；在喷洒农药方面，动力喷雾机和动力喷粉机已经普及，而且高速喷雾器和直升飞机空中撒布等大型的作业体系也开始采用；大米干燥方面，动力干燥机在每100户农民中已达到拥有量37台的比例，同时，大米中心和大型现代粮仓等设施也配备起来了；运输方面，汽车成为运输的主要工具，1977年，每100户农民拥有的农用卡车量达到28台。水稻栽培的机械化大大节省了农民进行水稻生产的劳动时间，1976年，生产10公亩（1公亩=0.15亩=100平方米）的水稻仅需要花费80小时，如果按照每天8小时劳动时间计算的话，农民劳动10天就可够了。

畜牧业方面，日本农民的养鸡、养猪、养牛劳动在进入20世纪70年代以后也几乎全部实现自动化。在养鸡方面，引进了自动给水器、自动给饲机、拾蛋机、洗蛋分选机、鸡粪干燥机和绞盘式鸡舍（这是一种没有窗户、装有强制换气装置的省力的机械化鸡舍，配有自动给料机、自动给水机、集蛋机和自动排粪便装置等设备）等；在养猪方面，钢架猪舍、笼式猪舍、自动给饲器和喷注式给水罩等也被普遍采用；在奶牛养殖方面，农户已经开始用上管式输送挤奶器、移动式储奶箱、钢架牛舍和自动排便装置等。畜牧业自动化的实现伴随着饲养规模的扩大，同时使得日本农民的劳动时间大大减少。以肥猪的饲养为例，当饲养1~9头时，农民平均花费在每头猪上的劳动时间为13.7小时；当饲养规模达到300头以上时，平均每头猪只需花费2.6小时，由此，农民的劳动负担大大减轻了。

为了充分发挥出农业机械的作用，减少农业生产的单位成本，日本农户的生产规模都较大，一般每个农户拥有土地50~70亩，个别农户达到200多亩，可以说一个农户就是一个小型农业企业。日本农户家庭一般只有2~3个劳力，即使请有1~2个农业研修生，按平均每户50~70亩土地计算，每个劳力种地面积也在10亩以上。

今天，随着日本农业机械化的进一步改进，农民追求的不仅是农业劳动的高效、快速，而且还希望提高劳动的舒适性。于是，日本的大型拖拉机开始配备驾驶室，驾驶室内安装有空调设备、收音机、音响装置等，农民驾驶拖拉机耕作的舒适程度几乎可以同驾驶汽车媲美。在适宜的温度下，一边操作机械一边听着优美的音乐，农业劳作一定愉悦许多。然而，对先进农业机械的追求并不止于此，农民希望劳作时间更少一些，人的劳动量更小一些，如果把所有的劳动都交给机械，由它们自己来处理各项劳动，那就更好了。现在，日本已经成功研制出了无人驾驶的拖拉机、插秧机和联合收割机等，有了这些智能化的农业机械，农民不用参与劳动的全过程，而只需告诉机械怎么做就可以了。比如，研制成功的耕耘机器人就可以在无人驾驶的情况下进行作业，其操作方法是：农民首先驾驶机械进行演示作业，让电脑记忆农田的形状，然后聪明的耕耘机器人就可以学会如何耕耘，进行无人作业。不过，这些最先进的农业劳动工具在现阶段还没有得到普及。

虽然日本的耕地面积很小，但是日本水稻的单位面积的产量非常高，这一方面得益于农业机械化，另一方面也不离开日本农民的精耕细作。日本农民习惯于把水稻或者其他作物种成笔直的一行一行，绝不浪费一寸土地，地里的杂草也除得干干净净，使每一亩土地都得到最充分的利用。

二、农业生产的信息化

现代化的农业生产方式离不开快速、准确的信息，只有及时了解天气情况、农产品市场行情，农民才能合理安排生产与销售；只有快速接触并学习先进的种植技术、养殖方法，农民才能参与市场竞争。日本农民在农业生产中，充分享受到了信息化带来的好处。

1. 农业市场信息。日本的农业市场信息服务主要由两个系统组成，市场销售信息服务系统以及农产品的生产数量和价格行情预测系统。市场销售信息服务系统每天会发布国内 82 个农产品中央批发市场和 564 个地区批发市场的销售数量以及海关每天各种农产品的进出口通关量，农民就可以从网上查出每天、每月、每年的各种农产品的精确到公斤的销售量。而通过农产品的生产数量和价格行情预测系统，每一个农户都可以清楚地知道国内市场乃至世界市场什么产品好销、价格是多少，以及每种农产品的生产数量。有了这些信息，农民就可以根据实际情况调整自己的生产品种及产量。

2. 农业科技生产信息。日本现在已将 29 个国立农业科研机构、381 个地方农业研究机构及 570 个地方农业改良普及中心全部联网。此外，271 种主要农作物的栽培要点按品种、地区特点均可在网上得到详细的查询。农民只要上网查询，就可以得到最新的科技信息，学会最佳的栽培方法，不断改进生产方法，保证农产品的产量和质量。

当然，信息的快速获取必须要依靠互联网的发展。早在 1994 年，日本就开发了 400 多个农业网络，计算机在农业生产部门的普及率达到 93%。现在，日本已经将大型数据库系统、互联网系统、气象情报系统、温室无人管理系统、高效农业生产管理系统与个人计算机用户相连。农户可随时查询农业技术、文献摘要、市场信息、病虫害情况、天气状况等。日本农户购买计算机可得到一定补助，还可参加各种类型的培训班，学习计算机操作和信息搜寻技能。

日本农民都积极主动地获取农业信息，他们对信息的获取方式也不仅限于网络，而是善于利用多方面的资源进行信息收集，比如收看电视、收听广播、电话信息、搜集报刊、进行市场调查等。

收看电视。日本农户都喜欢用电视收看农业行情、农业技术专题讲座、新品种介绍等节目，对重要的节目，还要录制以便反复收看、学习。

收听广播。日本农民有收听广播节目的习惯，在田园工作时，不方便收看电视就拧开随身携带的袖珍式收音机，边干边听。

电话信息。日本农户家庭一般都有 2 部以上电话，他们通过电话随时掌握生产经营情况。

搜集报刊。农户一般都订阅一些全国性、地方性及专业性报刊，当天的报纸每天凌晨 4~5 时就送到，农民早晨都有读报的习惯。有些报纸整版登载全国各地的农业市场行情，他们可根据这些信息，安排自己的生产，选择农产品的上市时间。

市场调查。农户到超级市场购买物品时，总要到销售自己产品的货柜和经营同类产品的货柜看看，向店主询问消费变化和消费者的意见。

三、农民的现代产品观

日本农民十分重视农产品的质量。在日本大大小小的集贸市场，都可以见到色泽亮丽、规格统一、赏心悦目、堪称精品的农产品，所有的包装上都印有名称、产地、生产者姓名。各种农产品都没有散装出售的，更不会带泥、带死叶，即使白菜、萝卜、辣椒、土豆这样的常规蔬菜，也都是优质品种。比如，白菜有卖整箱的、一棵的，也有切开的半棵和 1/4 棵的，全都用塑料薄膜密封，切开的白菜当天卖不掉的，晚上就扔掉了。辣椒也是 10 个一盒或 5 个一盒的，整整齐齐排列在货架上。

如此高质量的农产品必然对种植和收获过程都有很高的要求。日本农民的果树、蔬菜生产区，全部都用尼龙网进行封闭，以便有效地防风、防鸟以及防病虫害。为了让果实充分发育，产出精品，果树的每个果枝基本只留 1~2 个果实，多余的全部摘掉。日本农民在经营梨园时，有的还挂起了纵横的钢丝网，把每根梨树枝条都绑在钢丝网上，引导其平行向四周伸展，最大限度地吸收阳光水分和利用空间。而且每个梨枝只留下一个梨，多余的全部摘掉，让这仅存的一个梨充分生长发育。这样的种植方法使梨个大、肉嫩、味美，每个梨的重量都在半斤以上。在种植葱的园地上，可以看到日本农民种出来的每棵小葱长短、粗细都差不多，十分整齐。

日本农民对化肥的使用比较谨慎，尽量确保农产品无污染，对人体无害。许多日本农民每年夏季都事先花费大量资金购买畜禽粪便或锯末，经充分沤制腐熟后，于冬耕前施入土壤。对自家食用后的其他农作物秸秆也都通过切碎加工，沤制作基肥用。农户一般不盲目施化肥，这样生产出来的蔬菜叶球坚实、营养丰富、没有肥害。

日本农民在收获的时候也是精挑细选，无论是收获红薯，还是白菜、萝卜、黄瓜，都要按形状、质量分成等级，那些不成型的、长得不好的、个头太大或太小，以致不能分级装箱的，都要扔在地里肥田。而且，日本农户几乎都拥有用于农产品清洗和包装的小型机械，确保产品干干净净、整整齐齐地摆上货架销售或者运往加工厂进行再加工。

这样的细致作业必然要求农业生产的专业化。日本的每个农业区域都是一个特色经济板块，而每一个农户就是区域大工厂的一个专业生产车间。地域之间、农户之间各具特色、优势互补、相互依存、互为呼应。日本的农民都是专业户，种草莓的基本全部是草莓，种西红柿的也全部是西红柿，种鲜花的全部是鲜花。有些农户在产品换季时再改种另一个主导产品。一般每户农民全年只生产 1~2 个品种，最多不超过 3 个品种。那种屋前果树鱼塘、屋后猪栏鸡舍、鸡犬相闻、六畜兴旺的“小而全”的经济景象，日本农家是没有的。

专业化加上悉心照料，生产出来的高质量的农产品必定价格不菲。比如，日本的大米无论是在观感，还是在口感上都独树一帜，在 2000 年每斤大米可以卖到 300 多日元，折合人民币 24 元左右（2000 年，1 元人民币约可兑换 13 日元），相当于我国大米的近 20 倍。而一个 1.5 公斤左右的甜瓜售价可达 1500 日元；一把小葱，用塑料纸包装后，售价是 180 日元。

除了注重农产品质量以外，一些意识先进的日本农民的农业生态保护意识也比较强。比如，蔬菜收完后，农户不会为了省钱自己烧掉或随地丢弃地膜，而是把地膜送到农业合作组织——农业协同组合，花钱让农业协同组合集中销毁或再利用。对自家的垃圾也不随意丢弃或自行掩埋，而是分类后送到村里的专业部门，出钱让其集中销毁或处理。农民在土地之外的田间地头、庭院一般都在工作之余种上花草、树木以保持水土，绿化环境。然而，不是所有的日本农民都能做到这些，所以农药和化肥的污染在日本农业中也是一个重要的问题。

日本农民不仅重生产，在产品销售上也没有少花心思，如：

出售鸡鸭所有权。顾客可在鸡鸭幼龄期购买鸡鸭的所有权，然后让禽农们替其饲养，待家禽生长成熟育肥后，由禽农宰杀、洗净，送至顾客家中。这样既方便了顾客，禽农又为自己饲养的鸡鸭从小就找到了买主，不愁销不出去。

预售当年的果树产权。东京郊区农民与市内超级市场联营，开办了“果树当年产权预售”。如一棵苹果树叫价 2500 日元，该树的当年产量所有权即归买主。买主可随时去果园采摘苹果。如果买主不愿下乡，果农们可将苹果摘下包装好，送货上门，买主要另付劳务费和运输费。当然，果农要保证水果的产量和质量。

能长出瓜果的“书”。在日本各地商场和书店均有“瓜果书”出售。诸如“番茄书”、“黄瓜书”、“茄子书”等应有尽有。这些貌似书本的产品表面包装着防水纸，其内塞有石绒、人造肥和种子等。人们购回后按照种植说明，只要每天浇水，便能长出手指粗细的黄瓜、弹丸似的番茄、拳头大的茄子等。一般情况下，一本“番茄书”经培育可长出150~200个“迷你果”；一本“黄瓜书”可结出50~70条“袖珍瓜”……因为集观赏性和食用性于一体，“瓜果书”销路很好，菜农们也就竞相出售，以增加收益。

鲜花做成工艺品。品种繁多而又款式新奇的“工艺鲜花”已成为日本流行的花卉品种，其市场需求量正大幅度上升。所谓“工艺鲜花”，就是一改以往的鲜花销售方式，根据各种特殊需求，将花卉梳妆打扮一番，使之更富有个性美。其工艺有增香换味、变色添彩，并饰以各种丝绸、缎带等，以特制的花篮、礼品盒包装。日本人颇重视花卉的质量与个性，只要中意，即使价格再高也一定要购买。这使花农及鲜花专营户、加工者收获匪浅。

四、农业生产的兼业化

随着农业现代化的实现，日本的农业人口比重也在急剧下降，20世纪90年代就只有8%的日本人是农业户，而这些农业户中又只有不到1/5的人专门务农，大部分人都只是在祖传的农田上干一些季节性的农活，而在别处还有其他工作。比较常见的是，日本农民周末、清晨、傍晚干农活，其他时间就在附近的工厂、办事处或者商店里从事非农业的工作，有一段时期的农活就交给妻子和退休的父母来完成。这就是日本农业生产的兼业化。

按照农户从事的职业情况，日本农户可以分为三种：(1)专业农户，即全部家庭劳动力从事农业，不在非农部门兼业；(2)第一兼业农户，即以农业为主，兼营他业；(3)第二兼业农户，以他业为主，以农业为副业。20世纪80年代以来，日本兼业农户的比重就达到75%以上，而在20世纪90年代的农户中，专业农户只占16%，其余84%为兼业农户。兼业农户中，以农业收入为主要生活来源的“第一兼业农户”仅占14%，以非农收入为主的“第二兼业农户”却占多数。

这种现象的出现是日本农业生产率提高和日本农民对农业收入与非农业收入进行权衡的结果。日本农业的高度机械化使得农户中的男性壮年不需要留在地里干繁重的体力劳动，妻子和父母就可以完成农业生产，而且农业劳动时间显著减少，这就使得劳动力有了剩余，农民有了更多的闲暇时间。又由于现代经济对非农就业需求增大，而且非农收入与务农收入比较利益悬殊，这形成了非农就业的强大的吸引力，把大量的农村劳动力吸引到农业外的经济部门。此外，现代交通工具和道路网络还大大缩短了非农就业的地理限制，农民不用花太多时间就可以从自己的农田转到工厂或商店。这些因素综合起来使得日本农民农忙时务农，闲暇时便从事农业以外的劳动，充分利用时间增加他们的收入。

日本农业生产的兼业化的后果便是造成了农业劳动力的老龄化和女性化。一方面，老年人和妇女可以利用机械完成农业劳动；另一方面，要在非农业部门工作，需要较高的素质，农户中的青年男性比妇女和老人更具备在这些要求更高的部门获得工作、参与竞争的能力。因此，老人和妇女理当把主要精力放在农业生产中，让青壮年的男性去挣更多的钱。1960年以来，农村中女性劳动力的比重长期保持在60%以上，而在男性劳动力中，1960年60岁以上农民所占的比重为23%，1970年增至33%，1980年为43%，1990年高达61%。

接下来，让我们一同走近日本板仓町的一户较为先进的稻农——小林新内家，体验一下日本农民的耕作情况和先进稻农的思想：

小林新内的劳作情况

小林新内，出生于1931年，1999年对其进行访问时，小林新内68岁，居住在板仓町的南部地区，膝下有三个儿子。长子新也出生于1957年，在父亲60岁那年接管了家中的一切事物，他对自家的农场进行了股份制改造，成立了“热水自然农园”公司。这家公司中，父亲新内任董事长，新也自己担任总裁。

在长期经验积累的基础上，小林新内不仅在水稻种植方面形成了自己的一套独特方法，而且在蔬菜种植方面也创建了自己的一套种植理论。他有严格的作息安排，持续了30年。每天不到6点起床，早餐前，他会采摘黄瓜；早餐后，他再次回到温室采摘黄瓜。在水稻种植季节，即5月份到9月份，他早餐和午餐后也和儿子一起去田里干活。下午，新内会和儿子一起待在谷仓里整理波纹纸盒里的黄瓜。下午两点，他还会把这些黄瓜运至最近的农业联合会。他们通常一天要装50盒容量为5公斤的波纹纸盒。

小林新内退休以后就再没有驾驶过播种机和插秧机。以前，他总要在早上和傍晚作这些工作。有时，例如在水稻种植季节，晚上也要工作。现在他的工作就是催促儿子对播种机、插秧机以及收割过程进行严格的把关和监控。

在管理温室黄瓜的同时，新内还会用4月25号到5月20号这不到一个月的时间进行播种、插秧以及收割。插秧工作大约在管理好黄瓜后的午后三点进行，大约一个月后再进行收割。当然，时间的安排因稻米品种的不同而异。但这并不意味着时间越早，收割时间就越早。有些稻米品种对光照比较敏感，只要获得少许的光照就足够了，而有些却对温度比较敏感，这些品种往往需要获得额外的温度才能成熟。第二茬黄瓜通常在 9 月中旬水稻收割季节成熟，因此黄瓜和水稻的运输就可以一起安排。小林新内往往根据天气情况来安排运输，大多是安排在9 月或者 10 月。水稻收割完以后，新内往往会让那些收割时留下来的稻茬继续留在田里，而不像有些人那样焚烧掉。最终，这些稻茬又将回到土壤中去。

小林一家借助卡车来平整土地，他们播下种子，并在一周后插秧。通常情况下，秧苗要等到变绿，且根须长到十二三厘米长时才能栽插到地里去。但小林家插秧的方法却与众不同，通常是在播种后的一周左右，秧苗的根须还很短的时候，就将它插到地里去。这时，秧苗的顶部还呈黄色，但他们从来不用为此担心。

插秧时，小林新内家使用的是普通的插秧机。他们将满田都插上了秧苗，一眼望去，很难看到秧苗浸在水下的部分。他们家的秧苗比其他家的长势好，显得生机勃勃。其他人家的秧苗刚刚泛出点鲜灵的浅红色时，小林新内家的秧苗早已分蘖和扎根了。在转运发货的日子，他们就用脱谷机把水稻脱粒、清理干净、装袋，然后就地埋掉或者以快递方式运出。这样，水稻就被全部迅速地售出去了。

日本的大米在 1999 年实行了自由进出口流通，大米的进口必将对传统稻农们的生计产生一定的影响。但是，这对小林新内一家却没有什么影响，因为他们签订了种植合同，所以他和儿子种植稻米只需完全按照合同办事。到 4 月份的时候，他们已经按订单交付了所有的稻谷，家中根本没有余稻。

日本农村，环境问题以及因施用农药和化肥引起的污染问题也值得重视。含有化肥成分的液体正在向河流和池塘里排放，这从各方面都让农民感到非常担心。其结果是活的有机物已经近乎绝迹。这也许只是在做生意和环境保护两者做出选择问题，但农民们实际上是可以在不损害后者利益的前提下从事农业生产的。小林新内指出，关键在于改变农民们的观念问题。

（资料来源：联合国科教文组织“大学联合项目”：《亚洲稻农——七位农民的生活》，朱永新，沈森 等译，苏州大学出版社，2003 年 12 月版）

第二节 日本的农村工业

一、日本农村工业的发展模式

日本的农村工业是日本农村生产活动重要组成部分，从发展历史看，日本农村工业发展至今，其发展模式主要可分为如下三种类型：

1. 以传统农村工业为基础发展起来的农村工业。在日本明治维新以前，日本的工业就在农村广泛分布，产品种类涉及酱汤、腌菜、丝织、衣服、草鞋及农具等。那时候，主要是一些比较富裕的上层农民在从事农村工业。在多数情况下，产品以农户自用为主，但也不排除以销售商品为目的的生产。然而，明治维新的后期，在近代工业的影响下，农村的工业不再保持原来那种自给性的生产特点，而是转为以销售产品和盈利为目的，农业活动与工业生产相分离，日本农村中由此形成了小规模的工厂制工业。这些工厂依靠着农村内部的动力才得以发展，比如日本长野县小县郡丸子町的松山株式会社最初就是生产和销售农用犁，后来开始经营农用机械以及食品包装机械等。这里需要说明的是，日本是县大市小。日本全国共分为 47 个管辖区：一都、一道、二府和 43 个县，这一层级的行政划分被统称为都、道、府、县。

“一都”是东京都；“一道”是北海道；“二府”是京都府和大阪府；“43个县”则相当于我国的省。除北海道之外，都、府、县以下分成两个系统：一个是城市系统，另一个是农村系统，有郡（地区）、町（镇）和村。

2. 第二次世界大战时，迁入农村并在农村获得发展的农村工业。第二次世界大战期间，由于战争需要，以军需物资为主的大批企业转移到农村，刺激了日本农村工业的发展。而且，这些军需工业进入到农村改变了日本农村的工业结构。纺织业、食品业等轻工业的比例有所降低，而重工业的比例增加。比如，佐久地区在短短几年内就由原先以生丝为中心的纺织业生产地区转变为与航空工业相关联的生产地区。战后，尽管这些企业中的大部分或关闭或返回大城市，但这些曾进入农村的企业给予当地农村工业发展的影响是不容忽视的。

3. 为协调地区经济发展不平衡而发展壮大起来的农村工业。随着日本经济的发展，日本的大都市和工业地带出现了地价高涨、供水不足、交通拥挤、劳动力短缺等现象，造成了地区经济的严重不平衡。于是，日本政府制定了一系列政策，把企业发展的方向引向农村，比如通过了《农村地区引进工业促进法》，成立了“促进农村地区引进工业中心”，专门负责企业引进方面的情报信息搜集，规划协调调查研究以及宣传联络等工作。

这些政策和措施促进了农村工业发展，振兴了农村经济，迅速推动了农村工业化。

二、日本农村工业对农民的影响

日本的农村工业以中小规模的企业为主，规模不大但是数量众多。比如，1983年在日本的长野县佐久地区，就有企业1408家，从业人员24933人。农村的工业企业布局比较分散，仍以长野县佐久地区为例，1408 家企业主要散布在千曲川（千曲川是日本首都东京东北方的崇山峻岭间的一条蜿蜒的河流）流经的较为平坦的地区。然而，由于日本交通四通八达，已经形成包括县道、普通国道、高速公路在内的高级公路网，所以不会影响企业与外界的业务往来。对于农民来说，分散的企业也不会对他们的就业产生多大影响，因为农民都拥有汽车，农村地区市町村的公路网络使农民出行十分方便。农村工业分散的布局还形成了日本农户居住区与企业、工厂混合布局的状态。虽然混住化促进了农村城市化的发展速度与水平，但也产生了污染、噪音等问题，使得农民的生活受到一定的干扰。日本各级政府及地方自治体为解决这一问题，出台了相应的地方法规，但由于小企业数量实在太多，几乎不可能对他们一一进行管理监督，因此混住化现象带来的问题尚难以从根本上得到解决。

与混住带来的问题相比，日本农村工业给农民带来的益处要大得多。当日本农民不再把很多时间投入到农业生产中，而是寻求其他的就业方向，使得日本农村兼业盛行的时候，分布在农村的数量众多的企业正好给农民提供了许多的就业机会。尽管中小企业中也有技术含量高的企业，但技术含量较低的企业仍占多数，且从事零售、餐饮、服务业的占了相当比例，这些企业录用员工时技术障碍较少，且多数不实行退休制度，不仅为壮年男性提供了更多的兼业机会，也为妇女、社会闲散人员及退休者提供了兼业、就业或再就业的机会，在某种程度上缓解了老龄化社会来自社会保障制度方面的压力。

第三节 日本农民的收入

一、日本农民收入水平

(一) 日本农民的收入增长

从农户纯收入（农户纯收入由农业纯收入和农业外纯收入两部分构成，前者等于农业毛收入减去农业经营费支出，后者等于农业外毛收入减去农业外经营费支出）来看，第二次世界大战刚结束时的1945年，日本农户平均年收入仅为1.4万日元，到农业生产基本恢复的1950年也仅为21.2万日元。从20世纪60年代开始，农户收入迅速增长，到1970年达到139.3万日元，1980年再达到451万日元，1990年更达到695万日元的最高水平，之后虽然略有下降，但在2000年，日本农户的收入仍接近610万日元。从1960年到2000年的40年间，日本农户的平均收入增长达13.8倍，年平均增长率高达6.97%。

日本农民的高收入意味着农民可以过十分富裕的生活。一般农户家庭都建有2~3栋房子，每栋房子都有200平方米左右，造型别致，建筑精良，档次普遍较高。室内的摆设装饰也都很高雅，装点着各式花卉和饰品。

(二) 日本农民收入与城市同步增长

在日本现代化的进程中，经济发展的重点也转移到工业，促使了工业的大发展，使得城市人口收入增加。虽然工业的发展对日本农村造成了巨大的冲击，使得大批农村劳动力离开土地，涌入城市，农民人口和农业劳动力在总人口和就业人口中所占比例都迅速下降。但是，留下来的农民生活却在改善，他们的收入一直稳步增长，而且农民收入几乎与城市同步增长，甚至还曾超过城市工人家庭的收入增长水平。

日本农户与城市工人家庭收入对照表 （单位：千日元）

年份	农户收入		工人家庭收入		相对收入(%)	
	户均(A)	人均(B)	户均(C)	人均(D)	户均(A/C)	人均(B/D)
1955	358	57	350	74	102	77
1960	449	78	502	115	89	68
1965	835	157	797	194	105	81
1970	1592	326	1390	358	115	91
1975	3961	867	2897	760	137	114

（资料来源：转引自张文伟：日本现代化过程中农民收入特点分析，《世界农业》，2002 年第 5 期）

从上表我们可以看到，在日本开始大规模发展现代化的初期，农民收入的增长幅度较慢，不及城市工人家庭的收入增长，1960 年农民户均、人均收入只有城市居民户均、人均收入的 89%和 68%。但进入 20 世纪 60 年代后，农民收入快速增长，1965 年农民户均收入略微超过城市工人的收入，但人均收入依然低于城市工人。而到了 1975 年，农民户均收入和人均收入分别是城市工人户均收入和人均收入的 137%和 114%。总体来看，在日本现代化发展中，农村的发展没有落后于城市，城乡劳动者的收入水平是相当的。到了现在，日本农户可支配收入（农户可支配收入等于农户总收入减去农户支付的各种税费负担，而农民总收入由农户纯收入与退休金等收入构成）的平均水平仍然高于城市，2000 年，日本每一城市工薪家庭平均可支配年收入 557.7 万日元，而每一农户平均可支配年收入则是 688.1 万日元，比城市工薪家庭高出 130.4 万日元，相当于城市工薪家庭的 1.23 倍。

日本政府的各项扶持和保护措施是农民收入稳定的重要因

素。自1970年起，日本政府每年用于各项农业补贴和统购销的维持费高达1.4万亿日元，这些政府的额外支出大部分转化为农民的实际收入，增加了农户收入。另外，政府对境外农产品进口实行限制、征收高额关税等贸易保护措施，维持了农产品的高价格，也是稳定农民收入的重要因素。

二、日本农民收入结构

日本农户在收入水平显著提高的同时，收入来源和收入结构也发生了明显变化。主要表现在两方面，一方面由于农民生产活动的兼业化，农户收入中农业外收入所占比重不断提高，而农业收入所占的比重日趋降低，非农业收入成为农民更加重要的收入来源。从1960年到2000年，日本农户平均的农业纯收入由21.9万日元增加为108.4万日元，年均增长率仅为4.1%，而农业外纯收入则由19.2万日元增加为497.5万日元，年均增长率高达8.5%，比农业纯收入的增长快1倍还多。在1980年，农业外纯收入占日本农户纯收入的比重高达78.9%，1990年这一比重又增至79.4%，2000年更高达82.1%。

收入变化的另一个表现是农业收入中畜牧业收入所占的比重提高而种植业收入所占比重下降；而种植业中，蔬菜水果的收入所占比重提高而粮食作物所占的比重相应下降。日本受到西方文化的影响，饮食中对肉类、蛋类的消费增加，促进了日本畜牧业的发展，增加了畜牧业的收入比重。而日本的蔬菜水果由于质量较高，价格也自然不菲，种植蔬菜水果的农民从中得到的收入也较多。1960~2000年，畜牧业占农户农业收入的比重由15.2%上升为26.9%，而种植业所占比重则由80.5%下降为72.3%；蔬菜水果业占农户种植业收入的比重由12.2%上升为23.2%，而粮食作物所占比重则由52.6%下降为29.1%。

第八章　日本农民家庭

第一节　农民家庭的消费概况

一、农民家庭的消费支出

与日本农民收入水平显著提高相伴的是农民消费支出的增加。从20世纪60年代开始，日本农户的消费支出开始迅速增长，日本农民家庭的消费水平也得到迅速提高。在日本的官方统计中，农户消费支出和消费水平的变化主要是用家计费支出项目来表示的。在1950年，每一日本农户平均家计费年支出额仅为17.2万日元，而到1970年已提高为122.5万日元，1990年再提高至550.4万日元，1995年更达570.5万日元，之后略有下降，但2000年仍达539.7万日元。1950~2000年的50年间日本农户的家计费支出增长了30.4倍，年均增长率高达7.1%。

从这项数据看来，日本农户消费水平已赶上并超过了城市工薪家庭。如在1965年，每一农户家庭成员年均家计费支出为11.6万日元，全部城市的工薪家庭成员的年均家计费支出为14.0万日元，前者相当于后者的82.9%，而到了1975年，日本农户人均家计费支出已超过了城市工薪家庭。2000年度，农户人均家计费支出达到135.6万日元，相当于全部城市工薪家庭人均120.7万日元支出的112.3%。1965~2000年，农户人均家计费支出增长了10.7倍，而全部城市工薪家庭的人均支出仅增长了7.6倍。

在日本农民消费支出的数量迅速增长的同时，消费支出的结构也发生了巨大变化，变化主要体现在两个方面。其一，饮食费和被服费（被服费指用于服装以及床单、被套等床具用品的购置费用）在农户总消费支出中所占比重急剧降低，而交通通讯和文化娱乐费所占比重迅速提高，这意味着日本农户的消费方式和生活质量已发生了根本变化，早已由过去简单地追求温饱转向更加重视文化娱乐和旅游社交活动。最能说明消费水平和生活质量的指数是恩格尔系数，它是饮食消费占全部家计费的比重。恩格尔系数小，说明饮食支出占支出总数的比例较少，人们就拥有更多的钱来从事文化、娱乐、旅游等其他活动，这是生活质量提高的重要表现。日本农户的恩格尔系数在1960年为41.6%，1970年下降为28.9%，1980年再下降为22.9%，之后趋于稳定，2000年为21.2%。其二，日本农户的耐用消费品普及率也得到迅速提高。如在2000年，平均每100家农户拥有小汽车91.2辆，拥有个人电脑35.3台，拥有摄像机68.6台和数码相机24.5架，而彩色电视、电冰箱、自动洗衣机等普通的家用电器早已在日本农村得到完全普及。

二、农民家庭的消费结构

随着日子越来越宽裕，日本农民期望改变他们的生活方式，与城里人同样地享受生活，或者比城里人过得更好。当然，这种生活方式的改变是渐进的，日本农民消费的结构也是逐步改变的，刚开始也许只是盲目地追逐、模仿，生活可能浮华但不见得高质量，随着思想的进步，日本农民越来越懂得怎样享受生活。罗维扬在《外国人怎样当农民》中指出，日本农民消费方向的逐步改变体现在以下 10 个步骤：

1. 改造厨房和浴室。过去，日本农民家里一直采用的是江户时代（17 世纪初至 19 世纪中叶）的厨房和浴室，很像以前我国江南地区农民的老虎灶和茅坑，城市居民的冲水厕所是那时日本农民的热望。当祖传的山林和土地变卖成满满的一捧金钱时，追赶都市人的生活水平，就成为日本农民的一种迫不及待的心情。

2. 改造翻修房屋。日本农民富裕以后，从建材市场上购买色彩鲜艳的琉璃瓦，安装在屋顶上，并把大门装饰得富丽堂皇，但这样装饰的结果有可能是俗气有余而优雅不足。由于日本农民几百年来一直被地主所压迫，过地主一样的生活似乎成为每个农民的梦想，用富余的钱改造翻修房屋，也许可以满足心理上的发泄并且得到一种补偿。

3. 购买汽车。日本汽车工业的高速发展，使得汽车不再是奢侈品，不仅城里人几乎家家购买汽车，日本农民也开始纷纷购买汽车。有了车，又配备了车库，方便了日本农民的运输和出行，闲暇时他们还可以驾车出游，农民的生活质量得到很大提升。

4. 修筑庭院。日本式的庭院、围墙是由像艺术品一样的泛着藏青色的石块砌成的；在围墙内，植满了云冠状的灌木和春夏秋冬依次开花的花草。这种庭院设计，完全可以和任何高级宾馆相媲美。庭院的修筑标志着日本农民的家庭形象得到根本改变，这时的农民开始关注自身的文化素养了。

5. 营造客厅。日本人相当长时间叫喊的口号就是“脱亚入欧”，即丢弃相对贫穷的亚洲人的生活习惯更多学习相对富裕的欧洲人的生活方式，这当然也包括农民阶层。在农民家的客厅内，摆设着沙发，铺着地毯，一些还在显眼处摆放着漂亮的钢琴，他们都以欧洲文化追随者自居。百科大词典、雨果全集之类的大型词典和文学书刊，也被作为装饰品摆满了日本农民们的书架。

6. 重金购买装饰品。就像一个收藏家一样，没有一个镇家之宝是说不过去的。日本农民不惜重金购买动物皮毛，譬如熊皮之类。据说许多农民花费 200 万日元购买一张狮子皮，而且有的在卧室里一铺就是几张。

7. 旅行，尤其是海外旅行。去过欧洲的人都会发现：在旅游地的介绍或者指示牌上，一般除了英文就是日文了。这并不是因为欧洲国家对日本人特别尊重，而是由于日本人到欧洲旅游的特别多，生活富裕的日本农民也会赴欧洲游玩，而且日本人在周游世界后，也为他们的自我革新提供了机会。

8. 收集古董字画。收集古董字画，需要具备收藏家的艺术品质和极高的鉴赏能力。农民们向书画投资，就得进行再一次的自我提升。

9. 玩游艇、高尔夫。在日本的乡村，触目可及的是高尔夫球场和棒球场。据一位日本朋友说，玩高尔夫球的多是第二代的农民，练习棒球的多是第三、第四代的农民。这个时候，各种各样的培训班、俱乐部、入门书、专业杂志等空前活跃和繁荣，日本农民闲暇时的活动丰富起来。

10. 享受日常生活。在经历过暴风骤雨式的物质需求和享受之后，日本农民就变得温和多了，开始关注身边生活的细节，关注饮食、服装、家具以及电视节目。生活是一种延续的习惯，要改变吃咸海带和话梅酱的口味，对日本人来说还需时日，但他们可以试着吃鱼子酱、牛排和西式糕点。一直到现在，高档的西式糕点在乡村都比东京等大城市卖得快，销路好。

今天到日本农村走走，你会看到片片田野和点缀在田野中的农家。在稻田的旁边，是一座座日式别墅，每座别墅旁都有车库，可驶进一部甚至两部轿车。农闲时节，日本农民成群结队地到最昂贵的旅游景点游玩，男男女女穿着城里人或许都舍不得穿的和服，自信地游走在街道上。小镇里有不少的五星、四星级宾馆以及多屋别墅，还有购物中心、餐馆、酒吧等设施，可以说跟城里没有区别。

第二节 农民家庭的饮食

一、稻米饮食文化

日本是稻米的主要生产国，而稻米也始终是日本最重要的食物，是日本饮食文化的主角。

在历史上，日本人为了推动水稻种植，曾付出了千辛万苦的努力。在农业生产落后，农民生活贫困的时代，大米对于一般的平民百姓来说，一直是高不可攀的奢侈品。在日语里，大米又叫“舍利”，而“银舍利”是对白米的雅称。把白米视同佛家的舍利，可见其珍贵，而称“银舍利”是突出米色及其高品质。“舍利”是梵语 Sarira 的译音，意译是“身骨”，即死者火化后的残余骨烬，通常指佛祖释迦牟尼火化后留下的固体物，如佛发、佛牙、佛指舍利等。长期以来，能天天吃上大米饭是日本平民百姓的夙愿。日本有些不产米的山区农村，直至第二次世界大战前还保留了一种习俗，即在家门口挂一个竹筒，筒里放一点大米，每天早上，一家人集在竹筒前，由一家之主摇几下竹筒，筒里发出大米滚动的声响，算是满足了大家对大米的渴望。

现在，大米对于日本农民再也不是那样稀罕，但仍然是家庭的主要食物，日本农民每日三餐还以大米为主，消费量很大。日本很多家庭仍是不可一日无米，而且他们是只喜欢吃日本米。中国人到饭馆去，都是多吃菜少吃米饭甚至不吃米饭，但日本人在饭馆吃饭，没有吃米饭就等于没有吃饭。在日本的超市里，卖的都是日本米，根本看不到美国米、泰国米和中国米。日本米比外国米贵很多，一公斤日本米在超市里卖800日元左右，相当于50多元人民币，相当于日本一顿不错的中午套餐的价格，但日本家庭仍坚持只吃日本米，他们觉得日本米最好吃。日本的“米文化”使稻米的生产者农民在日本社会里具有很好的职业声誉和社会地位，日本家庭往往都习惯于从小给孩子进行“谁知餐中米，粒粒皆辛苦”之类的熏陶。

日本以大米为主要原料加工出来的食物包括有：

（一）寿司

在漫长的稻米加工变化过程中，日本人创造了一种独特的米饭料理品种，称作“寿司”。寿司最早来源于驯鮨（读qí音，意指鱼酱），驯鮨的做法是：把腌过的鱼和煮熟的饭按一层饭一层鱼的顺序重叠起来，存放几个月，使其产生乳酸发酵，然后把发酵的鱼取出食用，这就叫驯鮨。至于米饭只供发酵用，发酵完就丢弃。据说驯鮨的加工方法起源于古代中国南方。

19世纪20年代，驯鮨开始发展成现代寿司。当时江户城里有一位叫华屋与兵卫的人，从驯鮨得到启发，做出了寿司的原型，经不断改进而日趋完美，终于成为现在的寿司。日本人喜爱的鮨用鱼是鲸鱼、金枪鱼、海胆等。做好寿司要从好米开始。先将选好的米在水里浸泡1~2小时，然后加热煮熟。在饭中加少量米醋，将米饭摊开，用扇子扇凉到室温以后，移到木盆里，盖上湿纱布保持水分，寿司用的饭算是准备好了。这饭有个专名叫“银舍利”。接下来就开始做寿司，先用两指把银舍利捏成略呈长方形的小饭团，长约6~7厘米，宽4~5厘米，厚3~4厘米，在小饭团上放一点芥末，然后盖上新鲜的生鱼片或贝类海味，寿司就这样完成了。寿司以前为日本所独有，后来慢慢地开始受到各地人民的青睐，现在，世界各大城市一般都有日本人经营的寿司店。

（二）日式盖浇饭

日本盖浇饭起源于室町时代（1338~1573 年）的芳饭，芳饭是受中国阴阳五行学说的影响，在米饭上装饰白、黄、红、绿、黑五种色彩的食品，原是当时节日的一种饮食。现在的做法是先把做好的饭盛入碗里，然后把加工好的菜肴盖在米饭上，浇上菜汁和调味料即可。现在有代表性的几种盖浇饭配的主要菜肴分别是：烘烤的河鳗、油炸大虾、猪排、鸡肉和鸡蛋、炒牛肉等。

（三）弁（读 bi à n 音）当

汉语的“弁”是快速的意思。弁当指便于携带的饭盒。一般外出工作、学生郊游或节日全家人出去游览等，都自带做好的弁当。如今大部分日本家庭的女主人都会制作各式满足家庭成员口味的弁当。街上还有专门出售弁当的店铺。弁当种类繁多，主要有：（1）饭团弁当。在米饭中放进一些酸梅肉、鲑鱼松、鱼子酱等，然后把米饭捏成三角形或圆形饭团，再用海苔片（紫菜的一种）包饭，一个饭团约重 100 克左右；（2）幕内弁当。起源流行于江户时代，是人们在戏场看戏或幕间休息时吃的弁当，故名幕内弁当。这种弁当的米饭和菜肴是分隔开的，主要菜肴有烘烤鲜鱼、油炸鸡块、水煮蔬菜（萝卜、冬笋、腌萝卜）等，幕内弁当是很普遍的弁当；（3）驿弁当。日本的火车站、地铁站都称驿，是借用中国的驿字。驿是中国古代以快马传达军情、文书的计程单位，每到一驿即换马。日本各地火车站都利用当地土特产做成弁当，富有地方风味，深受旅客的欢迎。

（四）什锦饭

什锦饭是指把大米和其他材料混合做成的饭，最初为了节约珍贵的大米，做饭时加入其他物料如甘薯、杂谷、萝卜等，那时称为揉饭。到江户时代，什锦饭种类大增，如豆饭、竹笋饭、萝卜饭、鸡肉饭、山菜饭等。什锦饭中的佳品当推松茸饭，松茸指松树根上长出的蘑菇，具有特殊的芳香，在日本农村每年能吃上一次松茸饭的是一些比较富裕的农民家庭。

（五）茶渍饭

茶渍饭类似中国南方人常吃的泡饭。做法较简单，在大一点的饭碗里加入适量米饭，然后注入淡一点的茶水，再往碗里洒一点切好的三叶菜片、鲜鱼松、海苔丝，最后用鱼精、食盐等调味即可。茶渍饭是日本人喝完酒以后最喜欢吃的饭。

二、日渐丰富的饮食

日本传统的烹调可以说是单调无味的，尤其同世界闻名的中国烹调相比，就更是相形见绌。过去的日本人是大口大口地吃米饭，副食只有很少的一点鱼、蔬菜或者是腌菜，就算是宴会也只有几盘小菜。日本菜式样做得很好看，强调美观而不大讲求口味。但是，最近几十年来，日本的饮食习惯已经发生了很多变化，饮食逐渐丰富多样起来。随着日本人的食谱更加多样化，大米的人均消费量也下降了。进口的廉价小麦用以烤制很讲究的欧式面包，于是日本人早饭经常吃面包了。而肉类，无论是进口肉还是用进口饲料生产出来的肉都已经是日本现代食谱中很重要的一部分了。另外，日本人也开始吃乳制品，享受啤酒等饮料。现代的日本人还喜欢吃各式各样的面条；中餐在日本很盛行；西餐从法国的名菜佳肴到美国的麦当劳和肯德基的炸鸡类快餐也很流行。日本人还自己创造出了许多与传统口味不同的风味菜，闻名于世界。比如，肉片火锅、油炸虾，等等。

（一）丰富的日本料理

日本料理是在日本列岛诞生发展起来的有日本独特风味的菜肴。现在，日本料理正在世界不少地方走红。四喜饭（寿司）、鸡素烧、烧鸡肉串，成了日本料理的代表性品种，甚至，日语的发音也原封不动地出现在英语的菜单上。日本菜的一大特点就是保持鱼的新鲜与食物的原味，热量低，营养平衡，并且餐具与摆盘都十分讲究，具有日本的饭菜是用眼睛欣赏的特点。同时，日本饭菜引起了经济发达国家那些苦于过分肥胖和被血液循环器官疾病纠缠的“美食家们”的关注。

日本料理除了有米饭、汁、香食之外，还有生鱼片、烧烤食品、油炸食品、炖菜、拌凉菜、醋拌凉菜（与肉、蔬菜相拌）等。这些料理在保持材料原味的基础上，用酱油、酒、醋、砂糖等进行调味。

外国人所喜欢的日本料理有寿司、油炸大虾、鸡素烧等。油炸大虾日语名“天妇罗”，是把鱼、蔬菜裹在稀释的面糊里油炸而成，蘸上调好的汁食用的食品。鸡素烧是把牛肉切成薄片与蔬菜等一起烹调，主要用酱油和砂糖调味。鸡素烧虽说不是日本传统料理，但在19世纪后半期已得到了普及。日本人在喜庆时吃的料理有红饭和用鲷(读 di ōo 音)烤的带头尾的烤鱼,鲷类的肉味鲜美，是一种极受欢迎的食用鱼，它在水中呈现蓝点，但实际上是近似红色的体色，是味道最佳、价格也最贵的鱼。红饭即是在糯米里加入红豆蒸出的米饭。

（二）酒与饮料

日本酒是由米制作而成的酿造酒，全国各地都能生产，有好水好米的地方称为名酒产地。日本人最爱喝的是日本清酒，清酒可以温喝，但很多人也喜欢冷饮。清酒的酒精度不高，类似于中国的米酒，但是味道比较清淡，没有中国米酒的酒酿味，不过后劲很大。日本的啤酒几乎都是国产的，深受人们的喜爱。日本人喝威士忌和葡萄酒的也相当多，这些酒多数从外国进口。

在饮酒方面，日本人习惯适可而止，酒杯干了，只要说一声“已经可以了”，主客双方就不再饮了。日本人不讲究请客，他们盛行的是“打平”，就是喝完之后共同分摊酒钱。这是日本人喝酒的常见方式。

在饮料方面最大众化的是绿茶。茶质在原料的使用上大致可分为玉露（上等茶）、煎茶、番茶。玉露用不太热的水沏；煎茶、番茶要使用高温水。还有把玉露级的优质茶磨成粉状注入水不过滤直接喝的抹茶。咖啡也受到日本人的广泛喜好。爱喝咖啡的人，喜欢买咖啡豆在自家煮着喝，也有常在咖啡店喝的，出现方便咖啡后家庭喝咖啡的习惯得以增多。最近除了罐装咖啡之外，各种体育保健饮料、果汁、乌龙茶等都成为品类繁多的罐装饮料。现在日本每年大约销售150亿听罐装饮料，其中大约80%为自动售货机销售的。

（三）饮食习惯

在相当长的历史时期，日本人习惯每天只吃两顿饭。日本每日三餐的习惯是江户中期（江户时代是江户幕府统治日本的年代，1603~1867年）建立起来的。每逢农忙季节，就餐次数就会有所增加，从春天至秋天，日本农民每日普遍四餐，有的甚至五餐、六餐。农闲时的就餐次数和食量都比农忙时少。今天，不少日本农村家庭都还保留着古老的习惯。从正月到正月十五，每日两餐，上午九时吃第一餐，下午二时吃第二餐。插秧季节食用的午饭内容比较丰富，因为这时的饮食同时也是供田神的祭品。

日本人比较爱喝粥，过去农户人家经常煮上一大锅粥，以便公休时食用，现在也有农家这样做。日本人平时的饭菜都比较简单，只有每逢节假日才烹制大量美味佳肴。平日里的饭菜只是为了消除空腹的感觉。日本人平时吃饭基本少不了大酱汤。正式的场合除了必不可少的荤腥菜以外，一定还要准备酒。

第三节 日本农民家庭变迁与现状

一、家庭、婚姻与女性

在日本社会中，儒家文化对家庭价值观和行为模式有着强烈的影响。日本传统的家庭制度形成于1868~1911年的明治维新时期，它建立在父权制的基础上，父权制权威的重要性表现在当家庭中没有男性继承人时可以领养男性继承人。在1600~1868年的日本德川时代，上流社会的妇女完全成了从属于男子的侍女和玩物，一个家庭可以通过出嫁女儿，加强同另一个家庭的关系，因此对女儿管教很严，要使她成为一个具有良好教养和名声的、在婚姻市场上有价值的物品。做妻子的要无私献身于其丈夫一家人的幸福，媳妇都是受婆婆的严格管束。一般认为，做妻子的没有必要参加家庭以外的社交活动，与外面的男人的接触还被认为是有潜在危险性的。然而，在日本农村却是另一番景象，农村妇女在家庭中的地位比城市里的上流社会的妇女高得多，因为她们在地里同男子一样地劳动，与丈夫一起支撑家庭，因而农村妇女能够保持她们的独立性。

过去的婚姻是形形色色的，大多数的女孩子仍然被管教得很严，男女谈情说爱的风气还不普遍，青年男女在交往中也显得比较腼腆。虽然有不少的人确实是通过自由恋爱然后结婚的，但是在选定合适的对象时，家庭的帮助是不可缺少的。年轻人都不愿违背自己的选择去屈从家庭的愿望，但是男女青年第一次见面，一般仍由双方的家庭做出安排，如果男女双方满意，日后就可以成婚。在这种婚姻制度之下，夫妻双方的爱情可能是产生于婚后而不是婚前。由于日本男人大多自愿长时间地工作，而且社交生活多半还是限于男人，因此日本夫妇在一起相处的时间并不多。

第二次世界大战以后日本妇女地位迅速提高，最为明显的是妇女受教育程度的提高和妇女大量参与社会生产劳动。年龄在25~29岁的女性中，受过高等教育者的比例已从1970年的10%上升到2000年的51%，几乎达到了同龄男性的受教育水平。但是日本的劳动力结构在男性与女性之间有很大的差异，女性所从事的大都是非全日制的或技能较低的工作，而男性所从事的多是有升迁希望的和较高技能的全日制工作。正如我们之前提到的，日本农村家庭中的青壮年男性都会外出从事非农业以外的其他工作，而妇女大多留在家中经营农业，因为男性被认为具有更高的素质和技能，更能适应公司里的压力和竞争。

虽然农村女性与城市女性一样被认为工作能力不如男性，但农民妻子的地位却有了很大提高，农民家庭中妻子的地位高于城市家庭中的妻子地位。因为二战后，农村里的男女青年从学校毕业后就大批流入城市寻找赚钱多的工作，那些留在家中继承家业的男青年很难找到配偶，而且妇女在农活上一般比外出工作的男性干得要多，因此，农民妻子的地位又有了提高。

虽然女性接受了高等教育，更加希望能够从所受的教育中获取最大的利益，但是传统的婚姻模式对女性的期待并没有因女性受教育程度的提高而改变，相夫教子、照顾老人、承担全部的家务劳动仍然是日本家庭对女性的要求。2000年的一项调查表明，日本女性每周用于家务劳动的平均时间达29个小时，而男性只有3小时，这种和女性预期目标相去甚远的现实使日本女性选择推迟婚姻。日本传统上是一个高结婚率的国家，1920~1955年只有2%~3%的40~44岁的女性和男性是单身，但是在1975~2000年，25~29岁的未婚女性比例已从21%上升到54%。日本的生育率也在不断下降。日本总平均生育率在第二次世界大战后的10年中从4.5‰下降到2‰，以后相对稳定，到20世纪70年代中期开始继续下降，到2000年下降到1.3‰，几乎降到了世界最低水平。结婚年龄的增大和生育率的不断下降说明日本妇女拒绝传统的婚姻模式。

虽然现在日本女性的地位可能在某些方面还是不能与男性地位对等，但是她们地位的提高是显著的。比如，日本的妻子们和丈夫站在同等的立场上阐述自己的意见，特别是在对孩子的教育问题上，有着绝对的决定权。最能象征主妇地位提高的，是她们掌管了一家的经济大权，掌管丈夫的工资，支配从存款到建造私房的筹备资金，这种类型的家庭在逐年增加。日本社会与大多数社会一样，女性起着联系亲友的纽带作用，女性常常会主动打电话给亲友，她们远比男性更热衷于谈论婚姻与家庭这个话题。也许还有一些家庭里的日本男人下班回家之后，妻子会迎上去，微笑鞠躬，端茶倒水，而男人则看电视、读报纸，一副大男子主义的派头。不过，更多的夫妇之间已经开始互帮互助，共同做家务。

一些小而有趣的事情反映了日本女性地位的变化。三十年前，日本夫妇上街时，妻子总是恭恭敬敬地，亦步亦趋地跟在丈夫后面走，吃力地背着孩子或其他东西，而丈夫却像个老爷似的，神气活现地迈着大步在前面走。过了几年后，街上行走的夫妻，妻子更靠近丈夫了。而现在则是并肩行走，孩子也常常是由男人抱着。如果家里有小汽车，那么妻子也会和丈夫一样驾驶车子，带着家人出行。

二、家庭与老人

老人生活上的基本需求主要有以下4个方面:(1)经济的稳定，即指寻求生活物质方面的充足和稳定，这是最基本的生活需求;(2)身体的健康，这一需求与经济稳定的需求密切相关，是维持生命的基本生活需求;(3)精神的需求，指在与自己亲近的人际关系中，希望通过相互感情的表露得到承认和被接受以及受到尊敬的需求;(4)实现自我价值的需求，希望通过自己的某些行为或自身的存在获得有意义的社会地位和社会角色。

第二次世界大战以前，“家”制度在日本起主导作用，老年人生活所必需的资源和援助基本上都是由家庭来保障。日本的“家”不仅仅代表一个现实中的家庭，而且是一家过去和现在的总和，实行长子继承制，通过继承家产而继承整个家业。继承人必须要承担赡养父母的义务，因此长子婚后仍与父母同居，供奉祖先，生育子孙，形成三世同堂的大家庭。日本传统家庭十分强调子女对父母的孝顺，而孝顺的核心就是父母的绝对权威，即子女对父母的绝对恭顺。孝顺这种意识形态作为生活规范已深入人心，养老的伦理观念牢固地生根于家庭，风行于社会，支撑着战前日本由家庭赡养老人的赡养方式。在战前日本，经营农、林、渔业的农户大多都有代代相传的“家业”，而这些家业是一家人生活的主要来源，在“家”里老年人即使肉体上衰弱了，但仍然拥有丰富的经验和知识技能，对于“家”来说他们的存在依旧是很宝贵的。这是当时日本家庭把赡养老人作为理所当然的事情的基础。

第二次世界大战以后，日本家庭生活的经济基础改变了。1960年以前，日本的农林渔业等第一产业从业人员的比例一直很高，个体经营、家庭经营者的比例超过整个从业人员的一半。

然而到1960年以后，第一产业的从业人员开始减少，第二产业和第三产业等雇佣工人所占比例达整个从业人员的60%。以家庭劳动为核心的第一产业开始衰退，在家庭外工作的雇佣工人增多。这意味着在个体经营业上可以发挥作用的老年人的经验、知识、技能随着新的经营知识和技术革新的发展，已经不再具有原来的价值。"家业"和家产的意义也发生了变化，或者说它们本身失去了重要意义。雇佣工人的增加削弱了子女与老年父母同住的必然性，劳动力的需求使年轻人向城市集中，农民家庭中的男性在外从事其他工作，而老年人留在了农村，动摇了日本家庭养老这种赡养方式。

随着社会工业化的发展及社会分层结构和职业结构的变化，日本家庭规模日趋变小，1995年日本平均家庭规模已经减少到2. 28人。家庭规模的缩小，必然导致家庭结构的简单化。从血缘关系上讲，三代、四代及其以上的家庭明显下降，而二代和一代家庭趋于上升。根据日本总务厅国情调查报告公布的数字，战后日本的核心家庭（指只有两代人的家庭）和单身家庭一直呈上升趋势。长子夫妇与父母同住的直系家庭减少，而中青年夫妇和未婚子女组成的核心家庭增加。家庭平均规模的缩小和核心家庭的增多，导致纯老年户不断增加。根据日本厚生劳动省公布的"国民生活基础调查"结果，截至1997年，家里有65岁以上老人的家庭数为1405万户，占整个家庭数的31.5%，从65岁以上老人家庭的具体情况看，"单身家庭"占17. 6%，"夫妻家庭"占26.1%，"三世同堂家庭"占30. 2%。居住方式的改变，意味着健康不佳的老年人在经济供养之外还面临生活不便、照料不够、精神苦闷等问题，子女数的减少将不可避免地削弱现代家庭的养老功能。

日本农村的兼业化使家中的青壮年男性都在外工作，而且有的已经居住在城市。这样一来，虽然老人的子女不止一个，但通常只有继承家业的长子能跟父母居住在一起，承担起赡养的职责。农村家庭里，身体比较健康，拥有劳动能力的老人需要与留在家中的女性一起管理、经营农田，这或许比城市里退休在家的老人的生活更好，因为这让老人感受到了自己在家庭中的作用，他们仍然有能力为家庭的经济改善出一份力。农村家庭里，身体状况不佳、需要照顾的老人也只有依靠女性来照看。事实上，在日本护理卧床不起老年人的大多是住在一起的亲人，而且大多是女性。农村家庭中的女性除了养育子女、照顾病人及护理老人外，还要干家里的农活，所以赡养老人的事一方面需要男性的参与，另一方面需要社会福利、社会服务的完善。

生活质量的提高，医疗水平的进步，使得老年人平均寿命延长，同时也使家庭养老的负担加重。日本是世界上最长寿的国家，据最新统计，日本女性平均寿命 85 岁，男性 78 岁。年龄比较大的日本人，不像中国的老年人一样喜欢听“您年龄那么大了，看起来还很年轻”之类的奉承话，他们会觉得这些话是“该回家安度晚年”的意思。乘车时，日本 60 多岁的老人不喜欢年轻人给他们让座，因为他们觉得还没有到被视为老人的时候，给他让座的话就是把他“看老了”。

老年人随着年龄的增加，健康状况将逐渐恶化，患病率、伤残率会逐渐上升，自理能力下降，将更多地需要日常护理、生活照料。除了身体上的照顾外，老人更需要精神上的关怀，日本农村家庭与城市家庭一样，家里有劳动能力的成员都忙着工作、挣钱，几乎没有与老人进行精神交流的时间。日本老人一般不会帮着子女照看孙辈，日本的年轻人即便有两三个子女，忙得不可开交，也不会要求父母帮忙照顾小孩，因此日本的老人很难享受子孙绕膝的乐趣。另外，日本老人除了结伴旅游，平时不喜欢聚在一起，很多老人都希望晚年也能做点有意义的事情。

虽然富裕的农村生活给老人解决了物质和医疗上的需求，但是却不能满足老人的精神需求，不少老人的心中仍然是孤独的。在现代高节奏的生活状况下，在年轻一代面临着工作的巨大压力而无法陪伴老人时，如何让老年人安度晚年，不仅仅是日本农村家庭必须要关注的问题，也不仅仅是人口老龄化的日本要关注的问题，而是全世界都应当考虑的重要问题。

第九章　日本农民教育

第一节　日本教育概况

过去的日本人倾向于将自己划分成各个纵向、有等级的团体，形成了强大的阶级阵线。但是19世纪中叶，西方外部势力的进入使日本的阶级阵线变得模糊。在这一过程当中，实行了全国统一的教育制度，强制教育和严格的考试取代根据出身作为一个人有资格从事某种事业或享有某种地位的标准。收入丰厚，生活状况优越的日本农民，必然具有与城市人同等的受教育机会，农村家庭的子女也跟城市家庭的子女一样上学、考试，因此要了解日本农民子女接受教育的情况，也就要了解日本的教育情况。

一、日本教育体系

日本强调正规的学校教育，明治维新时的政府就已经明白要赶上西方国家，必须建立起现代教育制度。那个时代就建立了比较先进的教育制度，这种制度首先摆脱了早期教育那种贵族或宗教色彩的影响，它在摆脱教会控制和提倡人人平等方面甚至走在了许多西方国家的前面。其次，日本人开始就把重点放在初等教育方面，从而为国民教育和高等教育奠定了坚实的基础。到了1907年前后，日本人就已经使几乎所有的孩子上学，并且实行了小学6年男女混合制完全免费的义务教育。小学以后，还有更高一级的教育体制：男女分校的5年制中学，以及与此平行的初等专门学校；然后是只为男学生开设的3年制高中，与之平行的是初等专门学校。最后，在这些学校以上的是按学科不同分为3年或4年制的大学。高中完全是为上大学准备的，就在高中期间，未来的社会精英们就开始相互了解，建立紧密的联系。

第二次世界大战以后，美国占领当局按照美国的思想重新改组了日本的教育体制。日本战前的6年小学、5年初中、3年高中、3年大学改成了美国的6年小学、3年初中、3年高中、4年大学。大学之上设置研究生院，与大学平行的有2年或者3年制的初级学院。所有高等学府都叫作大学，而不叫学院，2年制的专科学院也叫大学，日语称之为短期大学。教育改革把义务教育扩大到九年，一直到初中为止，全部免费，全面实现男女同校。同时，取消战前那种学生可以中途转入专科学校的做法，大多数实行一种单轨的教育制，即只能由一级学校升入下一级学校。日本成为了世界上教育水平最高的国家之一。日本的教育比较严格，教育质量也较好。学校授课时间比较长，每周上课五天半，一年之中学校只放几次假：暑假从7月底到8月；元旦放假一次；4月初新学年开始以前再放一次假。学校的纪律很严格，孩子们的学习也很用功。日本也是从一年级开始就留家庭作业，各年级有一半左右的学生还请人课外辅导，或者上私立的补习学校。日本家长与中国家长类似，总想孩子受到最好的教育，因此在他们的心中把学校按照学生升级考试的成绩高低分成几等。

日本的教育体系和教育制度随着时间的推移，不断改革完善。在近几年的改革中，首先，日本更加注重学生的个性和能力。采取的具体措施有：根据中小学学生学习能力，进行小班授课，加强基础知识教育，更新、补充教学内容；开设“综合学习时间”，增加学习兴趣，提高学习热情、学习能力；改善教材审定制度，充实、发展学习内容；在全国范围内开展学生学习能力的调查，正确评估学生的学习能力提高现状；改善师生比例，到2005年日本小学的师生比例达到1∶18.7，初中达到1∶15.7；通过教师培训，提高教师素质，培育优秀教师等。其次，在教育中融入了更多的社会化、国际化内容，以便培养出高素质的世界公民。日本对学生加强了公共道德教育，向全国所有初中、小学发放“心灵笔记”，加强社区服务、体验和读书活动，加强传统文化教育。为了培养勤劳精神和职业精神，在部分高中开展就业体验活动。加强英语教育，在部分大学开展社区服务活动，并用外语授课，接收10万名外国留学生。此外，日本还通过一系列措施鼓励各地创办特色学校，为社区居民提供多样化的选择和服务。比如，扩大中小学的自由选择范围，扩大高中办学自主权，创建特色、个性化学校；以5万人为目标，征求社会各界人士的协助和支持，指导学科教学、研究和升学就业；扩大大学办学自主权，引进民间经营机制，实行灵活的人事、财政预算体制；改革税制，增加收入，振兴私立大学；在196所大学实施任期制和招聘制，加强教师交流和流动，提高教师教育研究水平。

二、日本教育的问题——竞争压力

日本人十分重视入学考试的成绩，这使得他们对待教育非常认真而且教育水平很高，但这样的教育制度也产生了一些问题。我们在前面提到，日本一些高校已经在改革高考录取的制度，试行双向选择制度，但是它还没有成为选拔的主流方法。高考成绩的优劣，仍主要取决于死记硬背的功夫，高中教育的主要目的就是为了应付考大学，而不是为了真正学习知识。过去的高中的英语课就是让学生认真准备考试中要遇到的复杂的语法问题，却不太重视阅读，而且几乎完全无视听力和口语。

在日本，考大学给孩子造成了巨大的竞争压力，因为仅有大学的文凭不等于有了进入社会上层的敲门砖，关键还在于获得的是哪所大学的文凭。日本的数百所大学中，日本人普遍认为可以算得上一流大学的只有十几所，当然最有名气的就是东京大学。人们可以看到那些以最好的成绩考上名牌大学的学生毕业以后常常会以最好的成绩考入企业和政府机构。父母都希望自己的子女成才，想方设法让他们进东京大学深造，即使进不了东京大学，也要考入其他的一流大学。这种情况造成报考名牌大学的人数越来越多，录取分数也越来越高，能否考取似乎成了决定一个人终身的大事。

日本的小孩从上幼儿园的那一天起就像进了高压锅一样，上课时间长，布置大量的家庭作业。而妈妈通常把确保孩子取得好成绩当成生活中的最高目标。从小孩上二三年级开始，她们每周逼着给孩子补习三四次，她们辅导的目的不是让孩子赶上其他同学，而是要拔尖，成绩超过更多的同学。日本妈妈们之所以这样做，是因为他们相信，跻身名牌大学的竞争是从幼儿园开始的。一个孩子要是在小学成绩格外好，就很有可能考上“名牌”初中；上了名牌初中，意味着有更大的机会进入“名牌”高中；而名牌高中的毕业生考入“名牌”大学的几率当然要高得多。在家中，当一个孩子面临关键性的入学考试时，全家的生活安排都要有助于他的学习。

一旦学生考上了名牌大学，许多学生都觉得大学生活令人失望。部分是因为经过几年奋斗考上大学以后所出现的一种思想松劲情绪。另一方面，还因为大学时期成绩的好坏对他们未来的影响并不大，关系到他们未来的其实是大学入学考试成绩和毕业后在企业和政府的录用考试中成绩的高低。4 年制的大学生活，从某种意义上说是学校制度的高压和毕业后办公室常规性忙碌工作之间的长时间的喘息时期。

第二节 日本农业教育

日本的农业教育始于明治维新时代，提高农民素质和农业生产水平，是富国、强国的重要内容之一。第二次世界大战后，日本更加重视农业教育，采用灵活多样的办学方式，不仅培养了大批农业科技人才，提高了农业的科技含量，更重要的是培养了众多掌握现代农业科技知识和经营管理方法的农业劳动者，使农民的科学文化水平普遍得到了提高，为农业现代化提供了劳动力保证。日本的农业教育主要有学校教育体制下的初、中、高等农业教育和农民的实践研修教育，此外，还有属于自我教育性质的社会上各种农业培训班等。

一、学校教育体制下的初、中、高等农业教育

（一）初等农业教育

日本在初中和小学开展农业教育的历史很长，初中曾普遍设有农业科，后来成为选修课。从1994年起，初中开始全面实施新的学习指导纲领，其中有关农业的教育作为国民必须掌握的一门课程而开展。在社会课里，就日本农村、农业的特色，农业技术的进步，农业生产的重要性等进行指导。在技术、家庭课里，为使学生学习农业知识，设置了“栽培课”作为各校选修科目。另外，还有“木材加工课”，通过木制品的设计和制作，使学生理解木材的特征和加工方法之间的关系。除了开设农业课之外，还积极推进劳动生产学习和绿化运动，比如，设定了环境绿化推进地区和学校绿色日或者绿色周。

2002年，日本初中开始实施新的教学大纲，其中依然强调，

初中阶段必须实施与农业相关的教育，这是全体国民应具有的一般素养。初中的“社会科”中涉及很多农业相关知识。例如，社会科的历史部分，通过讲授古代日本人的生活与农耕的关系，中世纪日本农业等各种产业的发展，近代日本农村的状况和明治维新以后日本农山渔村的变化等，使学生了解农业产业的变化和发展。

（二）中等农业教育

中等农业教育是日本农业职业教育的中坚力量，长期以来，在培养农业和农村继承者方面发挥了不可替代的作用。

中等农业教育包括农业高中和普通高中里的农科。农业高中是由战前的农校转变而来，1960 年，为确保全国农业所需要的继承者，农林省和文部省共同推进设立“培养自营者农业高中”，即农业高中。此后，农业高中在全国各地普遍设立起来，主要围绕本地区的农业实际问题开展教育，以提高学生解决问题的能力。农业高中原则上让学生住校半年以上，以便进行大量的农业实习。农业特别教育专业是以高中毕业务农者为对象的继续教育，旨在使学生掌握作为农业生产经营者的自信和实践能力，采用的教育方式是学生在各自的家庭里学习和每周两天在学校集中学习。普通高中的农业科教育，则主要是为了培养农业专业和农业关联产业技术者。

经济发展过程中，产业结构、就业结构的变化，农业技术的发展以及学生数的减少，使得各地的农业高中或停办或合并，余下的也在不断进行专业调整，有的增设了生物技术、信息情报等新专业。据统计，1997 年全国有农业高中 37 所，农业特别教育专业在 6 个道县的 8 个农业高中设置。日本的农业高中除了进行专业教育外，还积极推进学生取得职业资格的指导活动。例如，土木、造园等学科的资格考试的一部分可在高中阶段进行。学生可取得测量、园艺装饰、造园等职业资格。

从农业高中毕业生的升学就业情况来看，并非所有的学习农业的学生都在农业部门就业。1998年日本公立农业高中毕业生全部就业的2.4万人中，直接参加农业劳动的为1430人，占6%；就职于与农业教育直接相关领域的人数是7303人，占30.4%。并且这其中就业人数最多的部门是造园、土木业，占8.7%；而在食品制造业就业的毕业生占到了就业人数的8.5%。

（三）高等农业教育

日本有农业大学7所，而设立农科及农业关联学科的大学有76所，其中，国立大学34所，公立大学4所，私立大学15所，短期大学23所。与农业相关的学部中设立最多的是农学部，位于第二位的是生物资源学部和生物资源科学部，位于第三位的是园艺学部、国际粮食信息学部。其余的与农业相关的学部是兽医畜产学部、畜产学部、酪农学部、生物生产学部、生物产业学部、农学生命科学部、应用生物科学部、地区环境科学部、地球环境科学部等。

从学生人数上来看，2003年日本大学的全部学生人数为275.08万人，农业相关学部的学生人数为7.2万人，仅占全部学生的2.6%；7.2万人中大学本科生为6.94万人，短期大学生为0.26万人。从数字增减上来看，农业相关学部学生占全部学生的百分比呈逐渐减少的趋势。从大学毕业生的就职情况来看，2003年的农业相关学部毕业生人数为8243人，就职最多的前三项产业分别为制造业、服务业、批发零售饮食业，而就职于农业的仅占全部就职者总数的4.9%，就职于林业的占0.4%，渔业者占全部就职者总数的0.2%。日本农科大学生在农业中的就业比率是很低的。

二、农民的实践研修教育

(一) 农业者大学校

农业者大学校是为了培养农业继承者和地区农业振兴的“中坚力量”而于1968年设立的3年制教育机构，也是日本唯一的国立农民研修教育设施。农业者大学校位于东京都多摩市，利用良好的位置优势，聘请各个领域一流的教师授课。农业者大学校的课程以讲座为主，涵盖自然科学和经济、社会、人文等，各科比重大致相同。其教育非常重视实践与理论相互有机的结合，具体而言：要求学生有1年或1年以上的农业实践经验；深入学习有关专业的知识、理论；有6个月的派遣实习，到全国的优秀农户、经营体、试验研究所等处实习；另外，还有1个月的国外农业研修。为了严格管理并培养学生集体主义精神，学校采用住校制。学校定员150人，各年级50人。

(二) 农业大学校

农业大学校是由培养技术人员的农业讲习所和培养农民的经营传习农场以及其他有关设施合并而成的，通过农业技术、经营方法的实践性的研修教育，培养指导农民、中坚农民或地区干部。基本上是一县一校，全国共有41所。农业大学校除了以高中毕业生为招生对象，实行两年住校制教育的培养科之外，还设置了研究科和研修科。研究科以培养学生的经营管理能力为目标，学制1~2年，而研修科是为适应农业生产者经营的发展阶段而实施的。

各农业大学校的专业设置根据各地区、各校的情况有所不同，各校在设置上都在适应当地实际上下工夫，力求突出特色。例如北海道地区拥有日本典型的大规模奶牛饲养和旱地耕作，而且有大量的水稻种植，因此，学校侧重于教授北方地区独特的利用严冬的农业方法；而在大都市近郊的关东地区，学校则以作为近郊农业中心的园艺专业见长，这一专业实际入学的学生质量也比其他专业好。

各农业大学校都以实践教育为中心。大学校一般都有校内农场，学生实习的机会很多。不少学校把自己的校外试验场设为分校，作为实习基地，使学生能够迅速而且亲身体验农业生产。另外，各校都实行派遣学生到先进农户家实习的制度，时间为2~3个月，由学校委托技术推广所选择与该学生自家经营相似的先进农户进行指导。通常是在本县范围内进行，但也有跨县甚至还有短期海外实习。

（三）农业实践学园和八岳中央农业实践大学园

这两个学校都是第二次世界大战前成立的，以师弟同行、实践教育及住校制为研修教育的基本，至今仍作为实践性的研修教育的样板发挥着作用。所谓“师弟同行”，是指作业普及环节的教职员，要充当站在农户立场的改良普及员，共同应用、学习农业实际生产技术。所谓的“实践教育”，指通过在学校附属的农场、试验场或先进农户等处的实际体验而学习，这对于生产上、经营上的技术学习效果显著。

日本农业实践学园创立于1935年，其前身是日本农民高等学校，教育目的是使农村青少年树立正确的人生观，培养他们的责任心和勤劳的精神，进而掌握现代知识和技术。学校设有经营科和生活科，前者从初中毕业生中招收学生，通过5~6年的实践研修教育，致力于无农药、低农药栽培技术等平原型农业，后者则致力于农村女性的教育，这也是该校的一大特色。生活科分为本科、高中科、研究科，以培养富于情操和实践能力的女青年为目的，进行生产、加工、生活应用教育。生活科会教授农家主妇农业及家庭生活方面的知识，还开设礼仪、插花、茶道等素养教育。

八岳中央农业实践大学校于1938年设立，其教育目标是培养“更温和的人性，以独立自主为目标的农业承担者，能够适应新时代，能够为地区农业做贡献的领导者”。学校位于长野县，致力于以发挥高寒地区特色的大规模农业机械化为主的设施型农业，进行彻底的实践研修教育。

另外，随着对新务农的支援活动的开展，社会上各种农业培训班以及务农预备校也发挥着农业教育的作用。务农预备校设在首都圈和主要城市圈，对新开始从事农业的各类人员进行基本的农业知识和农业生产技术的培训，时间有长有短。例如北海道农业继承者培养中心举办的体验农业实习，从一周到几个月不等，到农户家进行农业研修，以使参加者亲身了解农业，尽快转向农业。

总之，日本的农民家庭的子女与城市里的孩子具有同样的受教育机会，也同所有需要面对升学的孩子一样要应对激烈的竞争。当然，农民家庭的孩子还可以选择农业专门教育，以便更好地经营自家农场。而农业培训班的开展，使得更多的日本农民可以增加农业知识，提升农业技能。

第十章　日本农村社会保障

第一节　日本农村社会保障体系的发展

社会保障制度是一个国家为了稳定人民基本生活，保障经济正常发展，通过立法形式所确立的在国民年老、伤残、患病、失业、生育时提供经济保障的制度，它还包括提高全体国民生活质量和生活水准的一系列其他制度。但前者才是社会保障制度的主体，而后者是辅助，两者合起来就是社会保障制度的全部内容。自20世纪50年代起，日本逐步建立起了一套比较完整的社会保障制度，而日本的农村社会保障体系也在这一时期随之建立起来。经历了第二次世界大战之前的萌芽起步阶段，以及第二次世界大战以后的改进、完善阶段，在半个多世纪的历程中，日本社会保障体系根据形势的发展变化不断调整和改革相关的规定，最终使得农村社会保障体系日益健全和完善，并且成为整个社会保障体系不可分割的组成部分。

一、农村社会保障的萌芽与起步

这一时期从20世纪30年代持续到第二次世界大战前。日本的农村社会保障制度起源于医疗保险。日本的公共医疗保险是从1922年制定《健康保险法》开始的。第一次世界大战后，工人实际工资降低，离职率上升，工人运动高涨，日本政府为了缓和矛盾，稳定劳资关系而加紧制定了《健康保险法》。当时的健康保险主要是以大企业自己设立的工会掌管的健康保险组织和无法成立健康保险组织的中小企业为对象，加入健康保险以企业为单位。

20世纪30年代初，日本为解决当时农村医疗设施不足及农民医疗费用负担沉重等问题，首先建立了让农民参加的“普通国民健康保险互助会”，但当时的农村医疗保险覆盖面小，保障程度低。1938年7月，首次制定的以面向农村居民为主的《国民健康保险法》标志着农村居民的公共医疗保险正式起步，并且以地区为单位成立了国民健康保险组织，减轻了农民家庭开支中的医疗费用负担，确保了农村的医疗供给。20世纪40年代初日本农村医疗保险得到较快普及与推进，至第二次世界大战结束前的1944年，几乎全国所有的市町村都实施了国民健康保险。这一时期，日本的农村社会保障仅限于以公共医疗保险为主的国民健康保险，农村养老保险等其他社会保障尚未实施。

20世纪20年代日本关于开办农作物保险的提议在议会得到正式讨论，1938年4月第一部《农业保险法》获得议会通过并颁布，1939年正式开始实施农业保险计划。当时在全国范围内开办了水稻、小麦、大麦和桑树的保险，政府为其补贴15%的保险费。

二、农村社会保障体系的重建

农村社会保障的重建期指的是第二次世界大战结束到20世纪60年代这一阶段。1945年8月，第二次世界大战以日本的战败而告终。战争给日本带来了深重的灾难，国民财富的1/4被毁灭，社会、经济陷入瘫痪和崩溃的境地。复员军人和海外归国者进一步冲击了劳动力市场，使失业人数一时高达1300万。大批的失业者面临饥饿，流落街头，几乎有约1/3的日本国民需要救济，否则生活就难以维持下去。因此，战后日本面临的首要问题就是稳定社会秩序。

在此背景下，日本政府颁布了以所有生活贫困者为对象的《生活保护法》，以及以战争孤儿和残疾军人为对象的公共救助特别法——《儿童福利法和残疾者福利法》。《生活保护法》指出，"国家对于生活贫困的所有国民，根据其贫困的程度，给予必要的保护、提供最低限度的生活保障，以达到促进其生活自立的目的"，可见日本农村的广大农民是在该法的救助对象范围之内的。1950年从保障国民的最低生活水准出发，对《生活保护法》进行了全面的修改，比如明确了国家有责任保障国民的生存权，取消了原有的申请人资格条款。

同时，日本从战前保留下来的国民健康保险面临着严重的困难局面。首先，通货膨胀使医疗价格攀升，更多的治疗成为了非保险治疗，减少了接受医疗保险治疗的比例；其次，战后许多企业倒闭，大量工人失业，被保险者急剧减少，可收取的保险费剧减，引发了医疗保险的财政问题；此外，医疗机构不喜欢保险治疗，加上医疗费用猛涨，保险财政恶化，又一味通过提高保险费用来支付，使得医疗保险制度失去了国民的信赖。当然，面向农村的医疗保险制度也同样是困难重重。为了扭转这种局面，1948年日本政府修改了《国民健康保险法》，规定由市町村来经营国民健康保险，采取任意设立，强制加入的制度。强制加入制是现代社会保险的一个标志。然而，由于当时日本农民的收入水平较低，尽管国民健康保险的受疗比率较高，但保险费的缴纳比率较低，所以，国民健康保险的财政发生危机。20世纪50年代中期开始，为了提高国民的保险费缴纳比率，一系列措施相继实施，包括开征国民健康保险费、建立保险准备金贷款以及安排国库经费专项补助制度等，由此，国民健康保险制度重新恢复并建立起来。1959年政府再次修订并颁布新的《国民健康保险法》，决定从1961年4月在全国所有市町村全面开始实施，并要求全国的农户、个体经营者等无固定职业和无固定收入者均必须强制加入这一医疗保险。至此，日本面向农村居民及个体经营者的公共医疗保险制度正式全面实施。

此外，从20世纪50年代中期起，为了维护广大农民及个体经营者的利益，日本政府着手酝酿建立面向农民、个体经营者的国民养老保险制度。1959年首次颁布了“国民养老金法”，开始将原来未纳入公共养老保险制度的广大农民、个体经营者依法强制纳入社会养老保险体系中，并从1961年4月开始全面实施。《国民养老金法》规定凡年满20周岁以上、60周岁以下的日本农民、个体经营者等均必须加入国民养老保险，缴纳保费的年限必须在25年以上，养老金支付的年龄为65岁。到20世纪60年代，以农村公共医疗和养老保障为支柱的农村社会保障体系初步建立并开始得到迅速普及，从而进入了“全体国民皆保险”、“全体国民均享有养老金”的时代。

在农业保险方面，二次大战和日本农业土地改革后，根据1947年12月颁布的《农业损失补偿法》，重新组织了农作物保险计划的实施。实施保险计划的组织机构由三个层次组成：农业相互救济协会、农业相互救济联合会和农业相互救济再保险特别会计处。按照保险计划中的规定，保险单位不是被保险农场耕种的全部耕种面积，而是仅为农场一部分的单独地块。一个地块上被保险农作物的损失如果超过该地块正常产量的30%，农民就将得到损失价值的补偿。

三、农村社会保障的补充和完善

从20世纪70年代开始至20世纪90年代，随着经济社会发展形势的变化，包括农村社会保障体系在内的日本整个社会保障体系不断得到补充、改革和完善。比如，1971 年制定了《儿童津贴法》并于次年开始实施，农村困难家庭的儿童津贴也被纳入其中。

医疗保险制度方面，为了提高医疗保险的支付比率和改善医疗保险的财政状况，1973 年 10 月日本对原有的医疗保险制度再次进行了改革。主要是提高了保险支付的比率，比如，对保险者家属的支付比率从 50%提高到 70%；本人的生育津贴从 2 万日元提高到 6 万日元，配偶从 1 万日元提高到 6 万日元；把截至 1973 年度末的医疗保险累计赤字暂时搁置起来，其累计损失由政府财政中来弥补；为健全政府掌管的健康保险，其保险费的 10%由国库负担。同年，还制定了“老人医疗费支付制度”，规定凡年满 70 周岁以上或卧床不起的 65 岁以上老人享受免费医疗制度。随着人口老龄化步伐的加快，为减轻政府日益沉重的财政负担，1982 年颁布了“老人保健法”，规定 70 岁以上（卧床不起的为 65 岁）老人，他们凭健康手册就诊，并负担部分医疗费（门诊每月 400 日元，住院两个月为限，每天负担 300 日元），余下的医疗费用由国家出 20%，督道府县出 5%，市町村出 5%，其余的部分来自保险费，从而废除了老年医疗费支付制度。1986 年和 1991 年又两次对“老人保健法”进行了修改，制定了全体国民负担老人医疗费的制度。

养老保险方面，1985 年修改了《国民养老金法》，规定从 1986 年 4 月开始，工薪阶层及其配偶也必须加入国民养老保险，使得国民养老保险成为全体国民共同的基础养老保险。

此外，日本为应对 21 世纪的高龄化社会，解决卧床不起、患痴呆症老人的照顾、看护问题，1989 年制定了《高龄者保健福利推进十年战略》，并从 1993 年开始在全国市町村制定了地域保健福祉计划，要求全国地方政府在21世纪到来之前应积极建设与完善供高龄者使用的各种设施。为了克服过去老人公共护理制度的缺陷，1997年底首次正式颁布了《护理保险法》，并从2000年4月起开始正式实施。该法律规定，凡年满40周岁以上的公民均须参加护理保险。到20世纪末，日本已经建立起了完全覆盖农村地区、包括公共医疗、养老、护理等各类保险和公共福祉、比较完善的农村社会保障体系。

为了提高农业保险运作效率，更好地调动农户参保积极性，20世纪70年代以来日本政府先后对农业保险项目进行了多次修改。1971年修改了单位面积保险金额的计算方法，使保额与各个地块的生产率相联系，同时把被保险农作物的最高保额提高到整个农场正常产量的72%。1972年开展了水果保险计划。1979年，为园艺种植者服务的保险计划也实行了。

第二节 日本农村社会保障体系的内容

一、农村社会保险

（一）国民健康保险

1. 保险适用对象。参加国民健康保险的对象最初主要包括农民、个体经营者、无业者、不能享受“雇员健康保险”的退休人员及上述人员直系亲属以内的抚养家属等，即主要是没有固定职业与稳定收入的群体。从1984年起，国民健康保险制度增加了高龄退休人员，包括从其他保险制度中“退休”下来的高龄者。

2. 经营主体。承担国民健康保险的运营主体为全国各市町村的地方政府，即以区域为单位，由地方自治体负责此类保险费的征收和管理。

3. 交费办法与财源构成。由于农户、个体经营者等无固定收入，因此不能采用强制性地从工资中扣除医疗保险费的做法，他们每月定期到当地的社会保障事务所缴纳国民健康保险费。国民健康保险主要来自于参保者缴纳的保险费，其保险费率根据各家庭的收入水平进行调整，按每户不同定额收取；国库补助保险费的50%，这一比例远远高于其他各类的医疗保险；被保险者个人及其抚养的家属负担实际医疗费的30%。

日本农民也曾看病难，他们怎样克服

几十年来，日本政府和民间机构采取各种措施，多管齐下解决农民的医疗困难，目前已取得初步成效。

政府强制推行国民健康保险

提及日本农民的医疗保障问题，就不能不提到国民健康保险。20世纪60年代，日本就已基本建立起覆盖全民的医疗保险体系。国民健康保险是政府强制推行的一项社会保障措施，它是日本农民医疗保障的根本。

根据《国民健康保险法》，日本国民可持医疗保险卡到遍布全国各地的有相应资质的医院、诊所就诊，其花费的70%（老年人一般是80%）由国民健康保险基金支付。

农民互助健康保险补缺

国民健康保险虽然解决了70%的医疗费用，但对于贫困地区的农民来说，余下30%及国民健康保险规定范围外的检查和治疗费用仍是一笔庞大的支出，而农民互助健康保险组合在解决这一问题上发挥了重要作用。

互助健康保险组合是农民自发组织的民间机构，它的成立和运作完全依照国家有关法律法规，并接受政府和有关部门的监督。互助健康保险组合的资金来源是参加者缴纳的会费及保险费。目前，日本约有2万个互助健康保险组合。通过互助，农民大大减轻了自己的医疗负担。

缺医少药怎么办

尽管如此，一些“无医地区”的居民不能及时得到医疗服务，只能是“有保险、无医疗”。如何动员医生去偏远地区服务，这是日本各级政府多年来面临的难题之一。

早在30多年前，为解决这一问题，各都道府县政府共同出资，办起了一所“自治医科大学”，培养能在农村和偏远地区工作的医生。这所大学学生的学费由各都道府县财政承担，学生毕业后必须到农村服务9年，其中5年在偏远地区。服务期间享受地方公务员待遇。

偏远地区如何诊治疑难病症

远程医疗系统利用远程网络技术以及专业的医疗透视存片技术，使医院和患者实现在线互动。这种系统还可远程传输各种医疗透视图像资料，而且图像资料可根据医患双方的要求精确移动。同时，该系统技术还支持同步传输动画形式的各种资料，信号快捷、稳定。

这样，偏远地区的居民患上疑难病症，便可以依靠远程医疗系统，在当地接受身在东京的名医诊断，同大都市的人们一样享受到高水平的医疗救治，一定程度上，消除了地区间医疗设施及水平的差距。

（资料来源：新华每日电讯2006-02-26第3版，新华社记者钟沈军报道）

（二）国民养老保险

1. 基础养老金制度

（1）保险适用对象。日本的国民养老金制度，原来主要面向农民和个体经营者等无固定职业和收入者，1985 年国家对养老金保险制度实行了重要改革，将国民养老金作为全体国民共同加入的基础养老金。具有参保资格的人员分为三类：20~60 岁的农民、个体经营者等（第一号被保险者）；厚生养老金制度（厚生养老保险是日本被雇佣者的养老保险）的加入者（第二号被保险者）；第二号参保者的配偶（第三号被保险者）。截至 2002 年 3 月底，日本全国加入“国民养老金”的第一类被保险者累计 2154 万人。

（2）缴费办法与财源构成。基础养老金保险的加入者，按不同参保对象分类缴纳保险费。其中，包括农民在内的第一号被保险者实行每月定额缴纳保险费的办法，每月为 1.33 万日元。凡是属于生活保护的低收入对象者，个人提出免交申请并经审查后，可免予缴纳国民养老金保险费，但退休后其免交期间的养老金仅有原水平的 1/3。凡加入基础养老保险的年份在 25 年以上、年龄在 65 岁以上的参保者均可领取基础养老金，即“国民养老金”。加入该养老金制度 40 年的参保者，退休后每月可领取 6.7 万日元的养老金，该金额是养老金的最高金额。基础养老金的财源构成，国库负担 1/3，其余 2/3 来自第一号和第二号被保险者缴纳的保险费。

2. 国民养老金基金制度

（1）保险适用对象。该制度于 1991 年开始实行，目的是缓解参加基础养老金的第一号被保险者与其他各类养老保险参保者的差距。其保险对象是：年满 20 周岁以上 60 周岁以下的农民、个体经营者等基础养老金的第一号被保险者；凡被豁免缴纳国民养老金保险费及申请加入“农民养老金基金”者，则不得再申请加入国民养老基金，已加入的中途不得退出。截至2002年底，全国47个都道府县都建立了地区型国民养老金基金，目前加入国民养老金基金的人员有76万人。

(2) 缴费办法。凡自愿加入者，每月需交纳“附加保险费”，年满65岁后，除可获得基础养老金外，还可获得“附加养老金”。此类养老金的支付分为无期与有期两种，标准金额可自主选择，同时享受税制的优惠。

3. 农民养老金基金制度

(1) 保险适用对象。农民养老保险制度是日本政府于1970年制定的，并于1971年1月开始实施。该制度是农民参加国民养老保险制度的重要补充，是否加入农民养老基金，完全尊重农民的个人意愿，由个人自愿提出申请。申请人须满足的条件有：年龄未满60岁，属国民养老金的第一号被保险者，且每年从事农业生产经营时间达60天以上；凡被豁免缴纳国民养老金保险费的不得加入。

(2) 缴费办法。根据农民养老基金制度加入者是否有资格享受国家财政对其缴纳保险费的补助，该保险基金的保险费又分为“特别保险费”和“普通保险费”。满足加入上述保险基金20年、每年农业所得在900万日元以下并且在1947年1月2日以后出生这3个条件，可享受保险费的国家补助，这类人缴纳的保险费就属于“特别保险费”。而国家财政补助的比例依据参保者的年龄及参保年限而不同。凡符合条件缴纳特殊保险费者，其年满65岁后，除可获得“农民老龄养老金”外，还可获得“特别附加养老金”。凡未满足这3个条件者，如个人自愿交纳一定的“普通保险费”，年满65岁后每月除了领取基础养老金外，可再领取一定数额的“农民老龄养老金”。

4. 三类特殊群体的基础养老金制度

为了解决生活困苦的老年人、残疾人、保险者遗属的老年生活问题，经过多年的补充完善，日本政府为上述三类特殊群体分别设立了老龄基础养老金、残疾人基础养老金及遗属基础养老金。上述三类特殊群体除了必须是国民养老金的被保险者外，对于他们是否享受上述具有补充性的基础养老金，对有关加入条件、基础养老金的标准等均有详细具体的规定。

如老龄基础养老金创立于1961年4月1日，保险对象是加入国民养老金制度满25年，年龄在65岁以上。按规定，老龄基础养老金的支付期限为被保险者年满65岁以后的次月起到死亡之月止。在执行中，支付年金的起始年龄可以依据被保险者个人的愿望加以变更，既可以提前至60~64岁，也可以延迟到66岁。

由于残疾人基础养老金和遗属养老金对象的适用范围规定较为复杂，在此不再详述。

（三）护理保险

作为整个社会保险新的组成部分，护理保险也适用于广大农村的农业生产经营者。

1. 接受护理的对象。接受护理者为卧床不起或患有痴呆症等疾病而丧失生活自理能力的患者，65岁以上且需要保护的国民养老保险的第一号被保险者。

2. 经营主体。实施主体为各市町村地方自治体，负责征收护理保险费并具体管理护理事务。

3. 缴费办法与财源构成。40岁以上的国民必须加入并缴纳介护保险金，但65岁以上人群交纳数目根据家庭人口、是否领取老龄福利年金及家中是否有缴纳居民税的人等条件不同而有不同。第一号被保险者缴纳的保险费根据收入多少而异，凡每月养老金在18万日元以上的第一号被保险者从其养老金中自动扣除，患者是否接受护理服务，需经个人提出申请并经当地专家严格审查。护理保险的财源，国家负担25%，都道府县和市町村各自负责12.5%，其余50%来自护理保险费。护理服务的费用标准按服务的类型及患者的身体病患程度，划分为5种不同类型，其中患者接受护理服务时，个人只负担所需服务费用的10%，缺口部分的50%由公费负担，17%由65岁以上的第一号被保险者负担，剩下的33%由40岁至64岁的第二号被保险者共同负担。这一新型的社会保险，将老龄人口的生活护理负担由过去的单一政府行为转变为包括40周岁以上绝大部分参保者的社会行为，减轻了政府的财政压力，也为包括广大无固定职业和收入者年老之后可能出现的护理服务需求提供了更可靠的社会保障。

二、农村公共援助

经过多年的补充完善，日本依据《生活保护法》建立起了覆盖全体国民的最低生活保障体系。

1. 援助对象。凡是家庭劳动所得扣除国家规定的各项最低支出标准而收不抵支者，根据需要生活保护者的年龄、性别、家庭成员构成、所在地区类别等有关因素，核定被资助者的最低生活费标准。该法律的第3条指出，所谓最低生活，就是必须能维持健康和文化水准的程度，并非是勉强维持生物式的生存程度，应该给予国民以人类的生存条件，或者能够提供承认有公民权的生存条件。具体涉及的补助种类包括生活、住宅、教育、医疗、分娩、生产、丧葬等。据统计，2000年度日本全国享受最低生活保护的家庭有75万户，受保护人口达1072万人，其中享受最低生活费补助的人口943万人。以2002年度3口之家、一级地区的生活保护家庭为例，其每月的生活费补助标准平均为16.4万日元。

2. 实施主体。生活保护的实施主体为各都道府县及市町村，业务实施机构为当地的福祉（保健）事务所。

3. 经费来源。国库补助75%，都道府县与市町村负担其余的25%。

三、农村福祉

农村福祉是广义的农村社会保障的重要组成部分，包括农村居民的公共医疗卫生与健康保健、农村居民的其他公共福利设施等。随着农村居民生活水平的提高，农村老龄化问题与城市老龄化问题一样日趋突出，农村老人福祉尤其是老人的医疗保健在农村社会保障中占有特殊地位。关于老人的健康保健，相关的政策规定主要包括两大方面：一是关于老年人在家的健康保健，包括老人在家服务、老人短期进入养老院以及老人日常服务等方面的政策规定；二是关于老人保健设施，包括建设特别养老院、一般养老院及廉价养老院等不同类型的老人保健设施。老人保健的实施主体是各都道府县、市及町村设置的福祉（保健）事务所。20世纪80年代以来，日本农村老人的社会保健设施建设得到普遍重视，大部分地区的农村基本普及有设施完备、条件优越的养老院等保健设施，边远农村的养老保健设施也有较大改善。截至2002年年底，日本全国拥有老人保健设施2.86万所，当年利用这些设施的人数为48.2万人，其中加入国民健康保险的75岁以上老人保健者为1.18万人。

公共医疗方面，从2001年开始，70岁以上高龄者看病的医疗费用，个人负担方式由原来每天530日元的定额制改为定率制，即个人负担医疗费总额的10%，上限为每月3000日元。按2002年的标准计算，除患者个人负担以外，老人医疗费的财源构成为：6种公共医疗保险机构共同负担66%，国家财政负担约

23%，都道府县与市町村分别负担5.5%左右。

四、农业保险

日本已建立起了非常完善的农业保险体系，用保险来弥补和减轻由自然灾害给农户带来的损失并以此来稳定日本的农业。该保险主要以农作物保险为主，即投保农户在遭受保险范围内的损失时，由保险公司给予其损失补偿。由于农作物保险的特殊性，投保农户一般可获得85%左右的灾害损失赔偿。

（一）农业保险的种类

1. 水稻和其他谷物的保险。这一类是全国范围的强制性保险。主要包括水稻、旱稻、小麦和大麦。一定程度的强制性是实现农业保险顺利开展的基本原则。1947年实施的《农业损失补偿法》规定，一旦各个村、镇或城市的农业互济会成立，这一区域的所有农民只要可保农作物的种植面积超过0.1公顷的法定下限，就必须购买保险。1957年政府提高了法定保险农作物面积的下限，只有种植面积超过0.3公顷的农民才被强制购买保险。1972年开始的新作物保险计划如水果、园艺种植等，尽管改变了强制参保的做法，但同时规定，凡发生了农业借贷的农业保险保障对象，即使自愿保险项目也应依法强制投保。

2. 牲畜保险。这也是全国性的强制保险。牲畜保险分生命保险和健康保险两种。被保家畜主要包括：奶牛和后备母牛、肉牛、马、种猪、育肥猪、种公畜和种马等。上述被保动物若发生死亡、残疾、疾病或损伤时，保险公司将给予一定补偿。而对死亡家畜的赔偿有明确规定：只限于架子猪和肉牛胚胎期的死亡。

3. 水果和果树保险。此类保险是非强制性的，可选择地参加。主要包括有些品种的蜜橘、苹果、葡萄、梨、桃和樱桃等。

4. 大田作物保险也是非强制性的。作物包括有马铃薯、大豆、红小豆、芸豆、甜菜和甘蔗等。

此外还有非强制性的温室保险和农户房屋保险。

（二）农业保险的经营

日本的农业保险管理体系由四级组织组成：日本的农林水产省、县政府（相当于我国的省政府）、县级农业互助组织或地方政府及农业互助组或地方政府。农林水产省和县政府只起监督作用和负责制定政策，县级农业互助组织或地方政府负责具体的操作。

保险基金共来自两个渠道，一部分是政府从国库每年提出一部分作为农业的保险基基金，储备起来；另一部分来源于参保者。保险基金的使用包括付给农户赔偿金和保险机构组织的行政开支。

必要的财政支持是保证农业保险业务可持续发展的重要前提。为了减少农民保险费用，日本政府对农业保费补贴的比例按费率不同而高低有别，费率越高，补贴越高。费率在2%以下政府补贴50%，费率在2%~4%政府补贴55%，费率在4%以上政府补贴60%。为了降低农业保险经营单位的营运成本与风险，日本政府还对农业保险的经营者提供业务费用补贴，同时提供再保险业务，由都、道、府和县的共济组合联合会和中央政府为市町村的农业共济组合提供两级再保险。所谓再保险是指保险人将其承担的保险业务的一部分转移给其他人保险，以分散风险。

先进的农险统计系统是维持农业保险运作效率的保障。目前日本已形成了比较完善的农险统计系统，积累了不同风险区长期适用的损失统计资料，采用了先进的保险统计方法。日本农牧渔部统计局每年要对每一种可保农作物进行收获量的抽样调查，以每个区可保农作物平均收获量确定保额，然后根据过去20年损失资料计算出标准费率，再把所辖全部耕地划分为若干同类风险区，制定出每个风险区的标准费率。

五、儿童津贴

经济发展与社会进步使日本女性的素质和地位大大提高，随着她们越来越多地参与到职场的竞争中，日本的生育率一路下降，日本社会已经严重老龄化。因此，有关儿童的社会保障制度也从 20 世纪 70 年代初期的社会救济功能逐步转向目前鼓励生育的政策。该制度也将农村居民包括在内，但对家庭收入的高低做了规定。

现行的儿童津贴的规定：凡经所在市町村认定后，家庭收入低于规定标准的，生育第 1、第 2 个孩子者，在儿童未满 6 岁之前，每月每个儿童给予生活津贴 5000 日元；若再生育第 3 个孩子者，则每月每个儿童可获得津贴 1 万日元。若家庭收入超过规定标准的，则不享受此项津贴。除此之外，还有专门针对母子单亲家庭的儿童抚养津贴，凡此类家庭的儿童直至 18 岁之前可领取政府的儿童抚养津贴。儿童津贴的经费负担，根据不同的保险者对象而不同，属于国民养老保险的第一号被保险者的儿童津贴，国家负担 2/3，都道府县及市町村分别负担 1/6。

日本的社会保障体系在经过了数十年的发展后，日趋全面、完善，而日本农村的社会保障体系也随之不断充实，可以说日本农民享受的社会保障与城市居民在很多方面相似，日本农民不仅生活富足而且保障充分。由于日本农民的兼业化，农民家庭中的许多成员特别是青壮年男性每天的大部分时间都是在公司上班。因此，他们不仅是农民而且也是公司的雇员，这就决定了他们所能享受的除了各种针对农村人口的保险外，还会享受到针对企业雇员的保险，比如说就业保险，一般就职者可以申请技能学习津贴、伤病津贴、寄宿津贴、再就业津贴、迁移费等，而日雇的劳动者有可能获取基本津贴、迁移费等。而业务灾害补偿包括疗养支付、休业支付、残疾支付、死亡支付等。

第十一章　日本农民的休闲与风俗

第一节　日本农民的休闲活动

一、体育活动

（一）棒球

近年来棒球成了日本人的国民体育，无论作为实际体育，还是作为观赏体育，其在日本受欢迎的程度已不亚于发源地美国。日本最受关注的棒球赛事有：高中棒球、职业棒球和业余棒球。

1. 高中棒球。最受日本人欢迎的业余棒球应数每年夏季举行的全国高中棒球锦标赛——“甲子园大会”。从北海道到冲绳在全国预赛中出线的代表队的健儿们为争日本第一，在甲子园展开激战。此时此刻，日本人乡土意识高涨，都尽力声援家乡代表队；电视转播出现创纪录的高收视率。活跃的棒球健儿们理所当然地成了新闻媒介的宠儿。甲子园大会早在第二次世界大战前即已举办，1985 年已达 67 届，参赛学校达 3791 所。

2. 职业棒球。高中棒球的风靡只限于春、夏季，全年吸引广大球迷的是职业棒球。球赛期间，公司职员们不分昼夜地谈论棒球，日本农民也关注赛况，谈论比赛。明星队或强队之间的比赛实况转播创高收视率纪录。职业棒球始于棒球传入日本 60 年后的 1934 年，第二次世界大战以后才慢慢发展到今天这般兴旺的场面。传统队“读卖巨人队”（日本《读卖新闻》经营的棒球队）的长岛茂雄和王贞治是职业棒球造就出的国民英雄，在日本可谓家喻户晓。职业棒球的比赛规则是，中部联盟和太平洋联盟两组各出 6 支球队，共 12 支球队进行分组循环赛，分组赛结束后，两组的胜者决出日本第一。

3. 业余棒球。大学棒球目前的名气虽然还不及高中棒球，但也有不少人关注。每年的大学棒球赛以东京 6 所大学为开端，首都及关西地区的大学等各小组的比赛于春秋季举行，颇受球迷们垂青。到 1985 年已达 14 届的日美大学棒球赛在日美两国交替举行，大学棒球随之人气大大上升。另一种业余棒球是“城市对抗棒球大赛”，以企业棒球队为代表出战的，如果说“甲子园大会”是乡土意识的流露的话，那么城市对抗便是企业意识的流露。此外，小学球赛“草地棒球”等也很受人们喜爱。

（二）高尔夫球

第二次世界大战以前的日本，高尔夫球还只是一部分上流阶层的消遣活动。第二次世界大战后，尤其从 20 世纪 60 年代开始高尔夫球迅猛普及，很多日本农民都爱打高尔夫，参加高尔夫运动的人口已达 1200 万。从 15 岁以上的人口比例来看，每 13 人中就有 1 人打高尔夫球。日本狭窄的国土上竟有 1400 所几乎都由民间经营的高尔夫球场。最近女性打高尔夫球的明显增加，但日本的收费比外国昂贵，大城市周围的高尔夫球场，节假日的收费一般比平时高出 50%左右。高尔夫球虽已大众化，但在日本仍然属高消费的运动项目，富裕的日本农民很多可以负担这项“贵族运动”。个人在各种体育的平均支出中，高尔夫支出高达 10 万日元，使其他项目望尘莫及。

（三）网球

网球是在 20 世纪 70 年代后半期崛起的运动项目，如今在日本的受欢迎程度不亚于高尔夫球。平成天皇夫妇结成伉俪起因于网球，这也使参与网球运动的人口迅速增加，如今已达500万人。全国民间网球俱乐部超过1000家。而且网球热已经从城市蔓延到农村，风景点附近的农民毁田造出租球场的事例亦不罕见。由于玩网球的人口太多，网球场经常很紧俏，而且网球器具等相关产业也随着网球热发展壮大，年销售额超过了500亿日元。

二、娱乐休闲

（一）围棋和麻将

围棋是由遣唐使和入唐僧从中国传来的，江户时代，幕府不仅拥有专门棋士，还大力奖励商人下围棋。虽然围棋是极费脑筋的游戏，但在日本从小学生到老人，都有广泛的围棋爱好者。参与下围棋的人口达1000万，以围棋为职业的职业棋手约为500人。日本棋院和关西棋院是两个重要的围棋组织，其中日本棋院就拥有职业棋手400人。

日本全国各地都有围棋盘和围棋子出售，从数百日元的便宜货到数十万日元的高档品应有尽有。此外，一些世家旧族常会有世代相传的围棋盘，有的甚至成了传家宝。

麻将也是来源于中国，大约在1920年传入日本，是较晚引进的游戏。传统的道具为刻有花纹的镶竹骨牌，共使用136块各种花样的骨牌，在日本玩麻将的规则与中国基本相同：决定了庄家后，各人按序取牌，以先完成规定组合的为胜；组合可有多种，组合不同则所赢得点数也不同。虽然最近麻将稍有降温，但仍可以说是久盛不衰，全国共有3万家麻将屋。

（二）纸牌

纸牌是日本家庭所喜爱的游戏。“小仓百人一首”是古代流传下来的纸牌游戏法。这是13世纪时汇集了7世纪以来有代表性的100首和歌的纸牌。和歌本是日本古典格律诗歌的总称，可以分为长歌、短歌、旋头歌、片歌等不同形式。和歌这一名称，是因为要和自古以来在日本流传的汉诗相对而言，大意就是大和之歌，即日本诗歌。狭义上和歌指的就是以“5 7 5 7 7”这31音为形式的短歌，现在说到和歌一般指的都是短歌。牌的玩法是先摊开写有下句的纸牌，数人围着这摊开的纸牌听一个人读和歌的上句，围着的其他人抢先找出对应上句的纸牌，以得纸牌多的为胜。熟练者在上句刚开始读即已找出下句纸牌。因此，不全部背出这100首和歌则不可能取胜。这种游戏不仅家庭，甚至地区、工作单位也举办大型比赛，大人、孩子都参加，主要在新年举行。

此外，小孩子玩的伊吕波纸牌也是可以用来增长知识的，规则是在听读谚语后，即抽出写有该谚语的首字及绘有有关图画的纸牌。当然，除了这类纸牌外，日本还有许多新创造的纸牌。

（三）流行歌曲与卡拉OK

流行歌曲的诞生是受西洋音乐影响，它与日本传统歌曲——吟诗、俗曲、民谣等不同，曲调独特，逐渐为国民大众所喜爱。日本流行歌曲起源于1914年《复活》剧中的插曲《卡秋莎之歌》。此后，每年都有许多好歌问世，广泛传唱。日本的电视和电台不仅播放专业歌手的歌曲，还播放一般听众和观众中业余歌曲爱好者的演唱。

每年年底，日本都要举办评选当年最佳流行歌曲歌手和作词、作曲者的唱片大奖及歌曲大奖。入选的当年歌星分成男女两队各唱自己的拿手歌，争夺歌队综合分。这称为红白歌赛，于每年12月31日夜里隆重播映，如今已成为备受欢迎的年末固定节目，许多人观看这档电视节目守岁。

目前在中国也大受欢迎的卡拉 OK 源自日本，是无歌声乐队之意的日语略称。不论是在城市还是在农村，卡拉 OK 都深受不拘礼节的朋友便宴和家庭聚会的欢迎，大家在一起随着音乐尽情歌唱、舞蹈，气氛热烈。日本家庭普及的是通信卡拉 OK，类似于我国的有线电视。只要加入该网络，就可随时在家里自唱自娱了。

（四）泡温泉

多火山、地震的日本拥有许多的温泉资源，温泉旅游是日本最大众化的旅游。老年夫妇上了年纪后在寻访名胜古迹的乐趣中，喜欢住宿在有温泉的日本式旅馆，使疲劳的身体得到充分放松。公司的员工旅游，也大多选择邻近县的温泉为目的地。温泉旅游大多都是白天在温泉附近的高尔夫球场和垂钓场等娱乐场所玩耍，晚上悠闲地泡在温泉里小憩后到宴会厅里欢聚一堂，喝上几杯，还可唱上几曲。

洗温泉起源于温泉疗法的习惯。在拥有 2000 多处温泉的日本，温泉疗法不仅用于治疗慢性病，还可以消除疲劳，是最大众化的、简便易行的休闲法之一。日本还有可以长时间修养的泉疗旅站，一般可以自己做饭。因此，一到农闲期，农民们带着大米、豆酱、酱油甚至被褥涌向附近的温泉，每天悠闲地泡在温泉里，住上一周甚至一个月，休养身体。

日本的每处温泉各有特点，但最出名的是伊豆的热海温泉，泡在泉水中，向前可鸟瞰大海，背后则是绿阴浓郁的坡道，十分惬意。日本最古老的温泉，是神户六甲山山腰间的有马温泉。而由别府浜胁、龟川等别府八泉组成的大分县的别府温泉之乡，有 1000 多家旅店，是世界最大的温泉城市，其几乎处处可见的温泉、悠闲的生活以及美妙夜景每年吸引着众多的游客。

（五）赏樱花

日本赏樱花的传统非常悠久。据说它有两个起源，一个是贵族之宴，据说起始于812年嵯峨天皇举行的赏樱花之宴。在那以前，奈良时代（710~794年）有从中国流传来的梅之宴，在平安时代（794~1191年）初期变成了赏樱花的宴会，迄今已有1200年的历史。另一个起源是作为农耕仪式的赏樱。农事之始的4月，在樱花盛开时节召集全村人登山，祭祀神灵、占卜当年吉凶、欢庆严冬的过去，仪式结束后，农民聚在一起分享供品。来源于贵族之宴和农耕仪式的这两种文化相互交融，形成了现在的这种赏樱花形式。

春天赏樱花可是日本民族的一大盛事。每年初春从3月20日到4月25日左右，樱花沿着日本狭长的国土地域，从最南部的九州地区开始，从南向北梯度推进，一路盛开，一直到北海道。这就是所说的“樱花前线”。日本曾有“花推樱花，人数武士”的说法，即是说花中的精品要数樱花，而日本人中最值得尊敬的乃是武士。每朵樱花单独看上去朴素、淡雅，实在没什么太美丽的，然而千株万树汇成一片就会展现出神奇的魅力，淡雅而娇嫩的花簇吸引大批人前去观赏。

无论是居住在城市的工薪族还是生活在农村的农民都会在赏樱花的时节带着全家老小，或是和朋友三五成群地来观赏樱花。人们围绕着樱花树席地而坐，铺上一块大方布，放上带来的美酒佳肴，又喝又唱又跳，有的还会配合赏樱的风雅举行诗歌比赛，人们组成一个个樱花方阵，与樱花一起释放着自己的情怀。女孩子们也会穿上和服、木屐，挽着高高的发髻，在樱花树旁留下倩影。各地为迎接樱花季节的到来而举行樱花祭，有名的樱花观光地还会为游览者推出樱花餐、樱花宴，“樱花前线”也成了人们见面时的热门话题。

樱花开放的时间大约是一周，但由于不同的樱花树种开花的时间不一样，所以持续赏花时间有一个多月。去上野赏樱花是东京人春天的传统出游节日。著名的东京上野公园种植1300多株樱花，樱花盛开起来，仿佛一片红云，十分美丽。日本人认为，欣赏樱花的最佳时机是樱花开始凋谢时，日语称作“花吹雪”，于残缺中欣赏樱花之美，才是赏花的至高境界。这同时也体现出了日本民族对死亡的壮烈之美和衰败的悲怆之美独特的理解和追求。

第二节 日本农民风俗

一、日本农村传统节日与习俗

日本有非常多的民间节日，各地农村也有自己独特的节日，在此仅挑选一小部分进行简要介绍。

初诣。初诣即大年初一(日本人是指阳历一月一日)，日本人多在这一天到神社或寺院参拜，双手合十，给神佛敬上几个喜钱，以求一年平安无事。初诣也称初参或初社。许多人在大年三十晚上三五成群乘车前往神社或寺院，为方便大众乘车，许多公共汽车通宵运转。当然，更多的日本人是到附近的神社敬神拜佛。神社内燃起一堆篝火，人们吸吮着热乎乎的甜米酒，在有节奏的鼓乐声中或请神官保佑，或者亲朋好友聚在一起谈天说笑，迎接新春到来。

拜年。日本人称拜年为“年始”。新年期间，人们要去向一年中关照过自己的人家致谢，并祝贺新年快乐。第二次世界大战前，日本拜年之风就已经十分盛行。本家之间、村民之间、邻居之间都必须互相拜年问候。元旦当天几乎家家宾客满门，大家都忙于应酬。有时类似的局面还要延续到第二天、第三天。妇女之间的拜年一直可延续至立春前一天。第二次世界大战后，回拜的习俗逐渐消失，但是对父母家、上司家、师傅家拜年送礼的习惯仍然保留下来。

农始。日本人很重视正月里的劳动，因为这是新的一年的开始。他们多选黄道吉日开始工作以讨个吉祥。目前日本政府机构、各公司多在初四上班，腊月二十九日放假。农村则有“锄始”，是指农民新年里开始下地劳动的仪式，也称“农始”，意喻祈盼丰收。关东地区的日本农民自古以来就有初一清晨到年神所在方位的田头，挖上三锹土，在地里竖起一根松枝，松枝下面摆上供品，祈求早中晚三季稻稻谷丰收。日本茨城县北部地区的农民则通过给鸟儿喂食，根据鸟儿啄米的情形预占年成好坏，更多的地方则是从新年开始往地里施肥，叫作初肥。

船始。渔村新年里也有船始的说法。一般正月初二开始出海捕鱼或只是举行出海仪式，岁末将渔船清洗干净，船正中摆上松枝、酒、淘好的大米和圆年糕，供奉船灵。新年首次捕到的鱼叫“初渔”，要举办初渔祝，用这些鱼供渔神和船神，祈求四季航海安全和渔业丰收。

初午。二月里最初的午日叫“初午”，初午也是稻荷祭日，会在各地的稻荷神社举行午祭。人们停下手中的活计，向稻荷（五谷神）敬献炸豆腐，同庆佳节。这个季节恰恰是田神从山上下来到乡间的日子。日本农民要在此时祭祀田神，祈求丰收并开始春耕。因此，稻荷信仰所具有的农业神因素便与初午结合起来了。

二月初午除举行稻荷祭以外，日本各地农村还把马打扮得漂漂亮亮的，牵着它们去参拜神社或参拜灵山；也有的去拜马头观音；或将年糕驮在稻草做的马背上，用来供奉道祖神。日本的道祖神多为石雕的人像，立于村口或路旁，被认为可以驱邪消灾，现已成为结缘神或保佑旅途安全的保护神。在日本长野、群马等县的著名蚕桑地区，初午这天则要举行蚕祭以祭祀蚕神。

中元节。除了过年以外，在日本影响最大的节日恐怕就是中元节了。农历一月、七月、十月的十五日是中国道教所说的上、中、下三元。流传到日本的中元节与古代日本宫廷祭典盂兰盆结合后，发展成了民间祭祀祖先的重要节日。根据《日本书纪》记载,中元节在日本植根是公元7世纪中叶。在中元节必须要做的一件事情就是“中元送礼”。这主要是指7月上旬到15日之间的活动，礼品不一定要很贵重，一般的个人问候都会送一些日用品、荞麦面、酒或者家乡土特产等。礼不在多贵，主要是可以借此传达人们的感谢之心。

盂兰盆会。紧接着中元节的就是“盂兰盆节”。七八月份除了学生们放暑假以外，工作的人们也会有一个小假期，在这个时候，人们都为了能够和家人一起过盂兰盆节而回家乡探亲。盂兰盆会，源于汉语系佛教地区佛教徒根据《盂兰盆经》而于每年七月十五日举行的超度历代宗亲的法会，原先这只是祭拜祖先、保佑家人平安的日子，现已是家庭团圆、合村欢乐的节日。每到盂兰盆节，人们要把家里已故者的亡灵请回家，供于佛坛前4天，再以送魂火的方式把祖先的灵魂送回阴间。盂兰盆节上还少不了跳盂兰盆舞，该舞原本是为了表达离开地狱的人们的喜悦之情，现在已经变成了极具特色的民间舞蹈了。在夏天的夜晚，人们穿着传统的服装，带着大斗笠，合着鼓声，围成个大圆圈有节奏地跳舞。

大插秧。日本插秧大多在农历五月举行。日本人认为所谓插秧就是迎接田神，在田神面前举行仪式。插秧时少女们身穿盛装，插秧歌响彻四方。插秧歌是在神前唱的赞歌。几乎所有的日本村庄都规定哪一块水田最先插秧。最先插秧的水田被称为神田或门田、本田。近年来日本每逢“大插秧”，男人们便一起敲击大鼓，一边同插秧姑娘跳舞，合唱插秧歌。日本广岛、岛根、冈山等县亦称大插秧为花插秧。

二、农民婚礼

2004年3月《环球时报》曾刊登了题为“日本农村把新郎抛下山”的文章，从中我们可以从一个侧面对日本农民的婚礼有所了解。松之山町是一个普通小镇，既没有招揽游人的旖旎风光，也没有可开发的悠久历史资源，但是，每年1月15日小镇举行的“奇祭”活动却吸引了众多游人。

从大阪出发，沿日本的北陆高速公路行驶约5小时就到了松之山町。镇子周围山地环绕，丘陵连绵。由于紧靠日本海，每到冬天，温暖的日本海暖流带来丰沛的降雪。隆冬时节，小镇积雪厚达1米多，山间地带的积雪则达数米之深。

踏着厚厚的积雪，来到“奇祭”现场。“奇祭”的主要活动是“抛新郎”，每年举行一次，已经有300多年的历史。据说，这项活动源于“抢婚”风俗。古时，村子里的漂亮姑娘少，她们不接受同村小伙子的爱意，而青睐外村人。这不仅使同村小伙子的自尊心受到伤害，而且产生了“肥水流到外人田”的不平衡心理。于是，每当新郎来迎娶新娘时，新娘村里的年轻小伙子便合伙把新郎抢走，抛下山坡，以解心头之恨。后来，这种行为逐渐演变成为日本的一个婚俗，表示新娘有魅力，深受同村年轻人喜爱。如果新郎经不起“折磨”，反而会令新娘家脸上无光。而且，新娘越漂亮，新郎被抛得就越高。

现在，人们结婚时已经没有这样的仪式，只是每年选出一对新婚夫妇作为代表，象征性地举行一下罢了。随着一阵雨点般急促的鼓声，“抛新郎”活动开始了。首先，由一位老者宣读活动的缘由和仪式的内容，然后请出主角——新郎。接着，几个年轻小伙子冲上来，你抓我扯，在观众的喝彩声和掌声中把新郎高高举起，一边“嗬哟嗬哟”地喊，一边将新郎抬到小寺庙前祷告。饮用祭酒后，小伙子们抬着新郎来回奔跑。观众一边喊一边打拍子，既紧张又兴奋地追着他们。小伙子们跑了 3 圈后，突然冲上一个 10 多米高的斜坡，将新郎抛了下去。幸好坡下厚厚的积雪松软如被，新郎一头扎进雪里，却无大碍。新娘赶紧跑过去，手忙脚乱地将新郎从雪里挖出来。这时，新郎已经成了个雪人，围观的人大笑不止。

过新年时，日本家家户户都要在门上装饰松枝和稻草绳，日本人称之为“门松”，就像中国人贴春联和年画一样。节后，这些装饰也不能随便丢弃，大多要集中在神庙里焚烧，以祈求消灾。在松之山町，人们抛完新郎后，就要把自家的稻草绳等新年装饰品烧掉。一家拿一点，不一会儿就堆成了一个 5 米来高的草堆。一位身穿传统服装的老者带领村里人祷告一番，然后请新郎新娘为草堆点火。

点火时，采用原始的方法——击石取火。两块打火石迸出的火花被认为是“爱的闪光”，点燃的草堆熊熊燃烧，象征日后夫妻生活幸福美满。如果久未引燃，则视为不吉祥。当草堆点燃以后，人群就像开了锅的水一样沸腾起来。有的人抓起燃尽的火灰，混合着地上的积雪，趁人不备往对方的脸上和身上抹去。被涂抹的人发出尖叫，涂抹的人则哈哈大笑。这就是当地特有的“抹烟灰”习俗。偷袭成功的人可以享受放肆的快乐，而被涂抹的人也不生气，认为这表示自己人缘好，今年会有好运气。

火堆逐渐熄灭，人们却越来越兴奋。孩子们在人群中嬉戏打闹。成年人，不论是认识的还是不认识的，都想把对方抹黑。不一会儿，参加活动的人个个都变得面目全非。

三、传统葬礼

日本是一个十分重视丧葬礼仪的国家，所以传统的丧葬礼仪至今仍很流行。日本人的葬礼非常庄严、肃穆，一切都是在安静中默默地进行。

在葬礼举行之前要进行通夜（守灵）仪式，家属以及死者生前好友聚集在死者遗体或者灵柩旁边，一起缅怀死者的生前事，一直到第二天的告别式。

守灵仪式完毕之后就要进行白天的正式葬礼。根据日本的法律规定，土葬、火葬必须在死者去世 24 小时之后举行。日本的传统葬礼大多是佛教仪式，多数是在斋场也就是殡仪馆举行，气氛庄严肃穆，有礼仪师专门主持，法师祈福诵经追悼亡灵，抚慰家属悲伤的情绪。日本的葬礼一般都要请和尚为逝者做法事祈福，诵经时间长短不一，一般大约是半小时。仪式完毕之后在火葬场火化后下葬。

在葬礼仪式举办完毕之后，要举行亲朋好友向死者告别的仪式。死者家属为了方便前来的人认路，都会在离家不远的车站、十字路口处放上一个写着“××家式场”字样的白色旗子或灯笼。前来吊唁的人一定要穿黑色礼服，系黑领带，并且带上一份用祝仪袋包好的烧香钱，称为香典，一般是 5000 到 1 万日元左右。要注意的是，祝仪袋上不要写名字。每个人都要依次向死者告别。做告别仪式时要先给中央的遗像鞠躬，然后向两边的家属鞠躬。之后走上几步，来到祭坛之前。告别仪式和守灵仪式的摆设都一样，不过分为几个等级，用哪个等级的摆设则根据丧主支付的费用而定，与死者的生前地位没有关系。

告别仪式结束后由死者的至亲家属手捧牌位，其后跟着遗照、灵柩，上车前往火葬场。葬礼从死亡、通夜、告别式到火化、安葬只须3天左右的时间，整体过程肃穆庄严、井然有序。葬礼之后的一个星期，死者家属要纷纷向亲朋好友表示感谢，回赠礼物。

在日本，丧事消费是一笔很大的开支。很多日本人都抱怨传统的葬礼仪式繁复、费用高昂。现在有些殡仪馆，在葬礼形式上进行大胆创新，去掉繁文缛节，一改传统葬礼肃穆的气氛，营造出温馨祥和的家庭气氛。

第十二章　日本农业协同组合在农民生活中的作用

“日本农业协同组合”是根据日本政府1947年颁布的《农业协同组合法》建立，由农户和非农户自愿入股参加的农民自己的合作经济组织。其遵循自愿、合作、互助、民主管理的原则，已经是一个制度形式和组织形式都很成熟的组织。它在50多年的发展历程中，规模不断发展壮大，在保护农民利益、增加农民收入等方面发挥了不可替代的作用。

日本农业协同组合制度采取三级系统的组织体系，即分为中央农协、县级农协和基层农协。基层农协是由农户直接加入的，以市、町、村行政区域为单位组织起来的；以基层农协为团体会员组成都、道、府、县一级或相当于这一级的组织；再以都、道、府、县一级组织为会员构成全国一级的农协集团。日本每个村都有农业协同组合的基层组织，几乎把每个村庄的所有农户都组织起来，使农户与其紧密地结合在一起。目前，全国有99%以上的农户参加了农业协同组合，这一比例远远超过了欧美农业合作社发达的国家，在世界上是罕见的。日本农业协同组合的社员由正式社员和准社员组成。正式社员有两种：一是从事农业的农民，一般为耕作10公亩（相当于我国1.5亩）以上土地的农民和每年从事农业生产的时间在90天以上的农民；二是从事农业经营的农事合作社法人。正式社员每人有一票表决权，可以参加农业协同组合负责人的选举和被选举，也要承担出资和交税的义务。准社员也有两类：一是本地居民中被认为可利用协同组合设施以及农业协同组合所提供的服务的人，二是有关农业合作组织或以当地农民为中心建立的团体法人。准会员没有表决权或不能成为董事会成员。

第一节 农业协同组合的作用

一、指导农业生产活动

对农民的生产活动进行指导，就是要帮助农民解决生产过程中的各种问题，使生产活动创造价值，达到致富的目的。农业协同组合对提供的农业生产指导，主要包括四个方面的内容：(1)帮助农民解决生产何种作物，生产多少，在哪里生产等问题；(2)帮助农民解决生产过程中的各种技术和经营、管理方面的问题；(3)为农民提供各种市场信息，包括需求预测、价格确定、市场的选择以及农产品销售的技法等方面的知识和信息；(4) 帮助农民解决在市场条件发生变化的时候，怎样保证农业生产的持续、稳定发展的问题。

生产指导的过程是有计划、有步骤地进行的。首先，要帮助农民制定农业生产计划，而要制定正确的计划就必须要充分了解市场行情、技术状况等外部条件。农业协同组合可帮助农民获取有关土地、资金、种子、生产规模、生产资料、生产技术状况以及市场行情等各方面信息。在有了生产计划的基础上，就要解决各种生产要素的调度问题。在大规模经营的条件下，资金的调度往往又是一个较为关键的问题，怎样获得低价的资金，借入规模多大，期限到何时为宜，采取以物担保还是以人担保等，都是需要慎重考虑的问题。在农业生产资料上，农业协同组合可提供有组织、有计划的生产资料合作购买，改变了原来单个农户零星购买农业生产资料的做法。这不仅提高了农业生产的社会化程度，维护了农业生产者的利益，对农业扩大再生产的顺利进行也提供了重要的保障。接下来要对生产方式进行选择，既要考虑到关系农产品质量的生产技术方面，也要考虑生产过程，以降低生产费用，提高农产品价格的竞争能力。最后，要组织农产品的计划上市。为确保农业生产者的利益不被商业流通资本侵蚀，农业协同组合通过组织、提供各种中间环节来提高农产品的附加值，争取最大限度的价值实现，农业协同组合为农产品上市提供的服务包括有加工、贮藏、保管、分类、包装等。

在农业协同组合具体的业务指导过程中，由于各农户生产经营的具体情况不同，计划的内容、目标和方向也不同，农业协同组合会按地区农业发展的方向，进一步协调和统一各农家的计划内容。比如养 10 只鸡的家庭副业和养 2000 只鸡的专业经营，在性质上就完全不同，就需要根据经营内容的类别、规模等，通过组建各种同性质的生产小组，促进农户之间的互相交流，提高农业协同组合生产指导活动的效果。在进行技术指导的时候，由于各农户在技术水平上参差不齐，影响到新技术的推广和指导活动的有效开展。为此，农业协同组合要致力于提高区域内农家技术的平均水平，然后以先进的农家为标准制定地域内生产技术的基本标准。农业协同组合对农业生产的指导还包括经营管理方面的指导，比如土地利用方法、农业机械设施的管理和使用、经营问题的诊断、会计制度健全等。农业协同组合在指导过程中很重视与农户的信息交流和意见交换，一方面农业协同组合要全面、正确地听取来自农户的要求、意见，另一方面要保证农业协同组合指导方针准确、无误地传达到农民中去。为保证沟通的顺畅，农业协同组合会编辑各种宣传讲义、定期性进行农户访问、开展各种讲习、讲座和经验交流会等。

二、对销售活动的协助

在农业协同组合参与的农产品销售活动中，有两种类型的销售方式，即中介出售和委托出售。中介出售是指农业协同组合把有关农产品的市场信息介绍给农户，由农户和购买者直接洽谈来确定销售条件。在这种销售活动中，由于农业协同组合只承担中介人的作用，不直接参与销售活动的具体过程，销售活动往往是在农民个人与销售商之间进行，就交易条件看，农民往往容易处于不利的地位。因此，农业协同组合很少采用这种方式。

委托出售则是农业协同组合通常采用的销售方式，是指农户将有关农产品的销售业务委托给农业协同组合代理出售。按照委托的具体内容，通常又可将其分为“有条件委托”和“无条件委托”两种方式。“有条件委托”是指农产品委托推销其产品的时候附加一定的条件（如价格下限、出售期限等），农业协同组合必须在满足这些条件的基础上才能出售该农产品；与之相反，“无条件委托”是指农户对所出售的农产品不附加任何条件，即农户将其产品的销售权完全交给农业协同组合，由农业协同组合全权负责该农产品的销售，生产者无条件承担销售的结果。为了形成大规模的交易，并且让农业协同组合及时根据市场变化调整销售策略，农业协同组合主要是采用“无条件委托”的业务方式。农业协同组合帮助农民销售所收取的费用是以手续费的方式收取的，而手续费的计算是根据最终销售额按比例进行提成。农业协同组合只有想方设法以较高的价格把农产品销售出去，销售总收入才能增加，农业协同组合的手续费提成也才能增加。如果农产品完全卖不去的话，农民没有收入，农业协同组合也不会有收入。

除了销售，农业协同组合还自行负责或者联系企业来进行产品的加工、包装、运输等，农产品的加工是农业协同组合工业活动的主要内容。具体的方式有：对蔬菜、水果等具有鲜活性、易腐烂变质的农产品，一般由农业协同组合组织收购、整理、包装后运到各城市的农产品批发市场，委托批发公司以公开拍卖的方式卖给出价最高的批发商，批发商在同一市场的另一端立即转售给零售商；对大部分农产品，农业协同组合按照事先与加工企业签订的合同，待农产品收获后向农民收购，并转售给加工企业；农业协同组合还在农产品原料产地直接举办农副产品加工业，再组织加工产品上市销售，实行生产、加工、销售一条龙经营，增加盈利，促进农户的商品化生产。

第二节 农业设施的合作使用

日本农民通过农业协同组合合作使用的最主要的农业设施有：大米加工贮藏中心、农业机械服务中心和果菜品质规格分选中心。

一、大米加工贮藏中心

大米是日本国民生活中最重要的食物，对生产出来的大米进行加工、保存，并按市场需要及时地保证供应是一项重要的工作。在日本农村这项工作主要是由农业协同组合负责承担的，而大米加工贮藏中心发挥着重要的作用。

大米加工贮藏中心是对稻谷集中进行高效加工、贮藏的综合处理设施。其具体做法是农业协同组合对各农户生产的稻谷在经过数量、品质等检验之后，按不同的规格、品种统一进行分类，并将其集中保存在大米加工贮藏中心的设施里。然后根据市场需要的情况再按数量、品种分批进行脱粒加工，有计划地组织供应。这样不仅简化了大米生产后由各农户分别进行繁杂的打谷、脱粒、保管、出售等手续，提高了大米生产的社会化程度。更主要的是由于采用科学的方法对稻谷进行干燥、低温贮藏，并在上市前对大米进行脱粒、精制，从而保证了大米的鲜度、气味和质量，增强了商品竞争力，确保了农民收入。

农业协同组合通常采用“全自动加工贮藏中心”来加工、贮藏大米，设施由农业协同组合直接经营，全自动贮藏中心一般还是农业协同组合代理国家粮食储备的基础设施，在管理上也纳入国家的粮食管理、供应体系，贮藏规模和能力比较大。

农业协同组合的稻米加工贮藏中心在实现对大米进行统一加工、贮藏的时候必须以大规模的商品生产为前提，只有在达到一定的数量和规模的大米产区，才能保证大米加工贮藏中心的有效运转，减少设施的闲置现象；此外，还必须以统一田间管理，机械化作业的互相配套为前提，以便生产出品质规格一致的大米，如果生产作业的标准不统一，生产出来的大米在品质上就可能差异较大，从而加大贮藏和管理的复杂性，造成贮藏费用上升和大米流通成本的增加。

二、农业机械服务中心

农业协同组合共同设施的另一个重要内容是“农业机械服务中心”。随着城市化的推进、农村劳动力的减少以及农业生产的兼业化，农民既需要用多种农业机械提高劳动生产率，但又无法承担太多的价格不菲的农业机械，农业协同组合设立农业机械服务中心的一个主要任务就是组织农民进行农业机械的共同使用，保证兼业经营的稳定和农业生产的安定。通过农业协同组合，可以购置一家一户农民购买不起的或者单户人家使用不合算的大型农机具和设施，比如大型拖拉机、收割机等，再借给有需要的会员有偿使用。

农业机械服务中心，也叫做“农业机械银行”，将其称为“银行”主要是因为农业机械的出借与银行的货币借贷业务活动有类似之处。农业机械中心的运营一般采用会员制的方式，会员可以是生产者个人，也可以是团体，会员的加入和退出原则上自由。“农业机械银行”的管理者负责人一般由全体社员代表大会选举产生，采用独立核算的方式，其组织体系一般由机械操作人员和管理人员两部分组成，在服务方式上经常采用有偿服务。

农业机械服务中心在设立时必须既要对业务目的、业务性质、服务对象、组织机构、管理运营方式、机械构成等进行规定，还要对作业服务的种类、内容、范围以及收费标准、费用计算方式、服务委托方式、费用结算方式等进行详细的规定，这两方面规定的内容都必须在农业协同组合全体成员代表大会上认可后方可生效。

三、果菜品质规格分选中心

果菜品质规格分选中心是对水果、蔬菜的规格、品质等进行分类、选别的专用设施。其主要功能是对生产出来的水果和蔬菜等农产品在上市之前，由农业协同组合统一组织进行品质和规格的分类、包装和贮藏，保证在新鲜状态下终年供应是果菜类农产品流通的基本要求。

在日本，水果、蔬菜等农产品在销售之前要按照规格、品质进行分类，果菜规格质量分类中心由农产品临时仓储设施、规格质量检测设施、贮藏设施（包括普通仓库、低温仓库、预冷仓库等）、分类包装设施等一系列的专用设施所构成。其核心是贮藏设施和分类设施。近年来，为提高选别过程的效率，缩短从生产到流通、消费的过程，各农业协同组合开始逐步导入各种类型的选别机械。这些机械主要包括滚筒式选别机、激光选别机、超声波选别机、自动称重机、几何形状选别机等。

日本农村的各种合作使用设施并不只有农业协同组合可以设置，农村中的各种民间企业、商业资本也可以设置。但不同的是一般民间资本设置各种设施的目的是为了谋取商业利润，这与农业协同组合的合作使用活动是有本质区别的。农业协同组合的合作使用也收取一定的手续费，但只是为维持设施管理活动本身所需的基本支出，最终所产生的利润还要按各农户的实际使用情况进行利益返还。

第三节 农业协同组合的教育、文化、宣传活动

一、农业协同组合的教育活动

农业协同组合开展教育活动既是为了提高农业协同组合成员的业务水平，也是为了团结农民，争取农村社会对合作经济事业的支持。农业协同组合教育活动的一个基本内容，是通过围绕农业协同组合所开展的各种经济活动对农业协同组合所有成员进行业务培训，提高业务技能，培养敬业精神，从而达到增强农业协同组合的组织活动能力、提高农业协同组合业务水平的目的。而团结农民，加强各层次的农民共同合作，是农业协同组合组织活动的一个基本出发点。一个良好的教育活动，不仅是连接农业协同组合和所有农民之间的桥梁，也是连接各个农家的纽带。

农业协同组合职员的教育方法，按照其活动开展方式可分为以下 4 种类型:(1)自我教育,农业协同组合职员的自我教育主要

是指每个人根据自己的情况采用自学的方式，自己设定目标，单独进行学习。这种方法的长处是不受时间和地点的制约，学习的进程可以自己安排，但由于缺乏必要的指导，学习的进展和成果难于把握，学习的过程容易中断；(2)现场教育，指针对日常工作中发现的一些突出问题，在工作现场由各级部门的主管人员通过说明、指导、实际操作等方式所进行的业务教育活动；(3)专门学习，是指针对农业协同组合经营管理中的有关专门性知识、技术等，通过召开专门学习班的方式，召集有关人员进行共同的讨论和学习，以提高参加者的专门知识水平；(4)外部进修，主要是将有关人员集中起来专门进行培训，或委托专门的教育机构进行教育、培训。教育可以自由选择，教育活动有较强的专门性和系统性，但是需花费时间和经费，学习内容还有可能与实际联系不够紧密。

二、农业协同组合的文化活动

农业协同组合的文化活动指的是以提高农民的修养、充实农民生活为目的的各种娱乐、文教、体育活动。农业协同组合开展文化活动可以满足农民生活水平和生活质量不断提高的客观要求，丰富农民的日常生活；通过发展农村文化，还可以加强农业协同组合的向心力，推动农业和农村经济的持续发展；此外，随着工业化、城市化的迅速推进所带来的多种环境弊病和社会经济问题的全面暴露，环境公害、人口问题也在日本农村突现，通过开展各种文化活动，可以保持合理的农村文化和价值观的继承和发展，这既是创造一个充满活力的农村社会的需要，也是农业协同组合文化活动所肩负的时代重任。

农业协同组合文化活动的内容主要包括娱乐、体育、趣味、爱好等各种活动。从近年农业协同组合文化活动的发展状况来看，它主要存在着以下特点：文化活动紧紧地围绕农家生活，如开展了各种料理讲习活动；文化活动紧紧围绕农村传统文化，比如进行和服、插花技术、民谣的讲习等。通过这一点可以看出，农业协同组合的文化活动在内容上归根结底是要从农村的现实和实际出发，采用农民喜闻乐见的方式，选择为农民所能理解的内容是十分必要的。

三、农业协同组合的宣传活动

农业协同组合的宣传活动可以分为对内的宣传活动和对外的宣传活动。

对内的宣传活动，其主要对象是农业协同组合的成员和农业协同组合的工作人员，宣传活动的目的是为了提高农民对合作社的各项经济活动的认识水平，加强农民对合作经济组织活动参与的积极性，进而保证农业协同组合的合作经济活动达到预期的目的。对内宣传活动主要内容包括：围绕农业生产和农家生活方面的宣传活动；围绕农业协同组合的经营方针、政策和工作重点的宣传活动；围绕为提高广大农民和农业协同组合工作者对当前农业政策、经济方针、文化活动等理解的宣传活动。对外的宣传活动的主要对象是农村居住人口、城市市民和一般的非农业生产者，对外宣传的目的是为了加深整个社会对农业、农村和农业协同组合合作经济活动的理解，从而使农业协同组合的合作经济活动能够深入人心，得到社会广泛的信赖和支持。对外宣传活动主要内容包括：向社会宣传农业生产的重要性；向社会宣传和普及各种农产品知识，扩大国内农产品消费市场；向社会宣传农业协同组合合作经济活动的重要性和必要性。

农业协同组合宣传活动的开展方法主要是通过各种新闻宣传媒体，采用定期和不定期的方式，围绕以上所述的有关内容开展多种多样的宣传活动。主要宣传媒体有报纸、电视、广播、出版或举行各种集会、交流会、演出等多种方式。除此之外，农业协同组合的全国联合机构还拥有自己独立的出版机构和全国性机关报——《日本农业新闻》及农业协同组合系统独立的广播机构——“农林放送”。

日本农业协同组合系统不仅有一个相对完备的面向国内的宣传体系，为了推动国际农村合作运动的发展，日本农业协同组合还与国际合作联盟互相帮助，在推动国际农业合作运动的发展方面也做出了大量的工作。

第四节 农业协同组合的合作金融

一、合作金融简介

日本农业协同组合合作金融活动，是根据《农业协同组合法》第 10 条中有关农业协同组合可以从事发放农村信贷和吸收农村存款的规定所进行的，农业协同组合与农民的信用往来是建立在双方利益一致的基础上。农业协同组合的合作金融活动，是农业协同组合综合经济活动中的一项基本内容，通过金融活动既可以在资金上对各种农业生产活动进行直接的支持和促进，又依靠农户经济收入的提高来增加农业协同组合吸收的存款数量。农业协同组合合作金融活动的服务对象在范围上有着严格限制，只能是加入农业协同组合并成为农业协同组合正式成员的农民，进行这样的规定是为了防止来自农民的资金挪作他用。此外，合作金融活动是一个严格的区域性概念，因为农业协同组合成员是生活在一定的农村社区范围内的，这样使得农业协同组合掌握和了解附近的每个农户的生产情况、融资者家庭情况、生活状况等，不仅可以减少融资的风险性，同时还可以根据每个农户的具体情况，有针对性地开展各种融资活动。

二、合作金融的内容

农业协同组合的合作金融活动，其内容主要包括农村存款、贷款、各种结算业务以及资金运用业务等，农业协同组合的合作信用活动从形式上看是发挥着农村商业银行的作用，但在具体的业务内容和处理方式上它又与一般的银行业务有很大的不同。

（一）农业协同组合的存款业务

1. 普通存款。普通存款类似于我国银行的“活期存款”，由于金融服务体系十分发达，各金融机构都实现了存、取款电子化、自动化服务，各金融机构之间实现系统联网，一般在某一银行开设的账户可以在其他所有的银行之间互相通用。“农业协同组合利率计算要领”规定，普通存款支付利息的最低存款额为1000日元。

2. 定期存款，种类有半年、1年、2年、3年等多种形式。由于其时间较为稳定，易于金融机关对存款资金使用，因此，在农业协同组合的存款业务中，吸收农村的定期存款是一项重要工作。定期存款的利率一般按存入时的市场利率为标准，与存款期间内的利率变化基本不联动。

3. 结算存款。此类存款多被用于农户在生产活动方面的账务结算和处理，主要包括农产品销售收入的入账，支付各种农业生产资料的购置费用等，其结算方式可采用异地汇兑、支票转账等，从而实现了农业协同组合与农户之间的经济往来通过“结算存款账户”来进行。

4. 专项存款。这是用于应付各种特殊需要的农家资金贮备，如子女教育存款、医疗专项存款、购置住宅存款等。主要是农业协同组合在帮助农民进行生活设计的基础上，引导农民有计划地进行资金运用。

5. 综合存款，又称为综合存款账户。它是集普通存款、定期存款、结算存款、专项存款等账户的功能为一体的一种多功能存款账户，开设这种账户的目的是为了方便使用者，防止结算时金额不足等问题，同时也是为了简化农业协同组合信用业务的手续，提高农业协同组合的金融管理工作效率。目前，在农家经济活动中实际上是综合账户与上述各种账户互相并存，可同时使用。

（二）农业协同组合的贷款业务

1. 票证性贷款，是指不直接用现金支付的各种农业协同组合信贷，通常的种类有支票、期票、票证等。采用票证进行贷款的好处是可以减少现金交易的不安全性，有利于迅速、简便地结算，多用于各种短期的资金需求。

2. 抵押性贷款，又称为担保性贷款，它是通过债务者承诺以一定的财产或土地作为担保条件而提供的农业协同组合信贷，抵押性贷款的期间一般较长，返还时也可以采用分期付款的办法。农业协同组合所进行的各种贷款中，抵押性贷款占有一定的比重。

3. 结算性贷款，是指农民在购置各种农业生产资料时，在收到东西之后还没有来得及付款转账，进而在账户上出现的一种挂户现象。这种结算性的未付款，在性质上可理解为是农业协同组合向农户提供的一种短期信贷，所以也称之为“结算性贷款”。在农业的各种贷款活动中，结算性贷款占有很大的比重。

第五节 农业协同组合的生活服务与医疗服务

一、生活服务

农业协同组合的农村生活服务活动主要包括农村公共生活设

施的经营和管理，生活用品的合作购买活动以及农村生活咨询活动。在农村生活领域开展各种合作活动的目的是为了有效改善农民生活。

（一）农村生活设施的合作使用

农村生活设施的合作使用，是指对于一些直接涉及农民生活需要的农村公共基础设施由农业协同组合来统一进行建造和管理，通过收取一定手续费的方式供地区内的农民共同进行利用。这些公共生活设施主要包括各种会议设施、农村福利设施、商业设施、自来水供应设施、农村广播通信设施、简易发电设施、煤气供应设施、汽车燃料供应设施、农副产品加工设施、食品调整设施、保健疗养设施、体育活动设施、图书文化娱乐设施、婚丧礼仪设施等。这些设施造价高、费用大，单个农民往往不可能建造，但又是农民生活所必需，因而需要统一进行建造和管理。

农业协同组合修建、管理生活设施是为了给全体成员提供满意的生活服务，因此农业协同组合经营这些设施时所征收的手续费，只是为维持设施正常运转的最低成本费用。

（二）生活用品的合作购买

生活用品的合作购买是指从流通市场直接购入各种生活用品，然后再按实际费用价格供应给农民的方法。其具体购买方式主要有两种，即计划购买和商店销售。

计划购买的做法是按不同消费品的需求情况分别按月、季度、年度向农户进行计划预约或订货，在达到一定的规模后，由农业协同组合（通过上级联合组织）向厂家或批发市场进行购买，然后再由基层农协分别供给每个农户。计划购买的内容主要包括食品、日用品、服装、家具、电器等。商店销售是农业协同组合开展生活用品合作购买活动的另一种重要方式，一般的综合农协都有自己的合作商店，通常各种零星的商品主要通过农业协同组合的合作商店进行供应。合作商店的商品主要是食品、日杂用品和衣服等，商品的种类少则5000种，多则1万种左右。

农业协同组合的生活用品合作购买活动应以全体成员的共同参加为前提，为促进农民对计划购买活动的全员参加，农业协同组合又将农户按其地域分布情况编成一定的生活小组。这种将消费者组织起来的方法是农业协同组合取得合作购买活动成功的一个重要原因。1994年年底日本农业协同组合系统共有各种商店数6705个，平均每个农业协同组合拥有3.7个商店。

（三）农村生活咨询活动

农村生活咨询主要是通过对农家在生活和消费活动中所发生的问题进行指导和协调，使农家家计活动更加合理，促进农村的生活朝着健康、良好的方向发展。目前，农村中围绕农家生活咨询活动的主要问题包括卫生保健、家计管理、老人赡养、子女教育等许多方面。

1. 健康保健活动，其目的是为了提高农民的卫生保健水平。其主要内容包括开展各种定期健康诊断，进行农民健康调查和健康咨询，开展各种农村保健、预防活动等。

2. 消费生活指导活动的目的是要引导农家消费活动向着健康和合理化的方向发展。该活动的主要内容包括促进农村生活用品的合作购买，通过对各种商品性能进行比较，向农家普及各种商品实用知识，实施农村物价调查等。

3. 家计计划活动是为了帮助农民加强家计活动的计划性，促进农业经营与家计生活的分离。家计计划活动主要内容包括帮助农民建立各种短期、长期的家计计划，培养农民养成收支记账的习惯和建立家计计划制度等。

4. 农村文化活动，按其开展方式的不同分为农业协同组合为主体和农民自己组织的活动两种形式。内容主要包括推广各种农村体育活动，举办文化节、读书会以及各种传统文化活动项目，如插花、书道、茶道等。

5. 社会家庭咨询是帮助农民调节、解决实际生活中所遇到的各种社会、家庭问题的活动。活动的主要形式是通过在农业协同组合设置的专门窗口接待农民的来访。活动的内容包括提供有关税金交纳、住宅建设、退休金使用、家庭资产的管理运用以及交通事故、家庭矛盾的处理咨询等。

6. 改善农村环境，主要是生活环境。与农村生活环境有关的设施建设一般主要是由当地政府和农业协同组合来承担，如自来水供应、下水道铺设等。这其中也有许多是农家共同参加的合作活动，如农村绿化、环境卫生、庭院美化等。

7. 农村福利活动是为提高和改善农村老人、儿童的福利、健康和卫生状况而进行一种大众性活动。主要内容包括开展各种敬老活动，帮助农村老人解决各种生活困难，兴建各种福利设施和儿童保健设施等。

8. 各种业余活动。农业协同组合还根据农村人口的年龄、性别的不同开展多种形式的农村业余活动。活动采用组织各种业余活动小组的方式，如各种研究会、俱乐部、生活小组、农村青年会、妇女会等。通过这些活动一方面可以增进农家之间的相互了解和交流，也有益于加强农业协同组合与农民之间的联系，为开展各种生产和经营的合作提供一个良好的环境。

二、医疗服务

农业协同组合的合作医疗活动，是为增进包括农民家族成员在内的广大农村人口的健康和保健水平而开展的一种农村合作活动。虽然日本农村的医疗卫生状况比过去有了很大的改善，对各种疾病的预防和医疗都达到了较高水平，农村缺医少药的情况也基本不存在。但农村特有的一些医疗问题依然很多，比如农药中毒、机械事故、农家妇女的过劳性疾病等仍然存在。农业协同组合合作医疗一个重要目的是要早期发现各种疾病，开展农村卫生保健活动，为合作经济的开展创造良好的条件。

农业协同组合的合作医疗活动，按内容可分为“治疗活动”和“预防活动”两种。治疗活动，是指对农业协同组合成员及其家族在患有疾病时所进行的各种治疗措施。为了开展合作治疗活动，农业协同组合必须要设置医院，聘请医生、护士以及医疗技师在内的各种医疗专门人员，以便开展各种具体的医疗工作。在农业协同组合的医疗设置中，有小规模的诊所，也有可以治疗各种疾病的综合性医院，甚至还有可收纳很多患者住院治疗的大规模医院。有权享受合作医院的治疗服务的人员包括农业协同组合成员及其家属。预防活动是指在病状发生之前所进行的各种事前预防工作，主要是以各基层农协为单位来进行。预防工作主要包括两个方面的内容：一是对农业协同组合职员的健康诊断，二是对农业协同组合成员的健康教育。农业协同组合合作的医疗预防活动内容主要包括健康状况调查、定期体检、事前预防和健康教育活动等。

合作医院是农村卫生保健的活动中心，它除了为农民提供医疗服务之外，同时还应成为提高农村医疗水平、传播医药卫生知识、增进农民身心健康的农村卫生保健活动的中心。这就要求农业协同组合合作医院的工作人员不仅必须重视院内的治疗活动，更应重视院外的各种卫生普及工作。此外，合作医院是农村非营利性的医疗中心，其使命是最大限度地为农民提供医疗卫生服务。但为了能够雇用有能力的医师和专家，购置各种先进的仪器和设备来提高医疗服务的质量，在合作医院的经营活动中保持收支均衡也是十分重要的。

综上所述，日本的农业协同组合在日本农村生产、农民生活中发挥着积极重要的作用，农业协同组合不仅确保了农业生产的高效进行，农产品的顺利销售，还对农民的日常生活、身体健康、娱乐生活给予了许多的帮助和指导，大力促进了农村经济稳步发展，推动农民生活质量和生活水平逐步提高。

参考文献

[1]端木美,周以光,张丽.法国现代化进程中的社会问题.中国社会科学出版社,2001.

[2]许平.法国农村社会转型研究.北京大学出版社,2001.

[3]刘振邦.法国的农业现代化.农业出版社,1980.

[4]让·雄巴尔—德洛夫著;马四近,庞爱菊译.法国农业趣史.农业出版社,1985.

[5]约瑟夫·克拉兹曼著;宇泉译.法国农业.农业出版社,1982.

[6]罗歇·利韦著;官正、林方译.法国农业新貌.农业出版社,1985.

[7]杨海燕,罗国祥.法国社会与文化.武汉大学出版社,2003.

[8]葛志强,李海林,赵正祥,戴德娴,霍世涛,吴勇.法国.上海辞书出版社,1991.

[9]乐波.法国农业组织及其对中国的启示.社会主义研究,2005(5).

[10]郭作玉,朱平壤,杨阿麟.从法国农业信息服务情况看我国农业信息服务网络化建设.饲料广角,2000(5).

[11]戴蓬军.法国的农业公会.法国农业,1998(3).

[12]张庆忠.法国的农业现代化与农业教育.中国农村经济,1989(8).

[13]郭作玉.法国的农业信息化服务.世界农业,2000(3).

[14]姚瑾.法国农业信息服务体系.中国农业信息快讯,2000(2).

[15] 崔国胜，孔媛. 法国农业信息化发展状况. 世界农业，2004(2).

[16] 陈国秀. 法国农业信息化及其动力因素分析. 中国信息界,2006.

[17] 魏良民. 法国的甜菜生产及研究. 中国甜菜糖业,2001(3).

[18] 施祖法. 法国合作经济的考察与启示. 商业经济与管理，2000(3).

[19] 蔡立. 法国合作经济及其启示. 经济参考.

[20] 李丽纯. 法国农村社会转型对中国新农村建设的启示. 世界农业,2006(4).

[21] 丁杰. 法国:农户连着合作社. 环球瞭望.

[22] 陈俊侠. 法国农户无税一身轻. 乡镇论坛,2005(10).

[23] 张晨光. 法国农民科技培训及农村信息化体系. 全球科技经济瞭望,2005(9).

[24] 高存艳. 法国的农业教育机构.世界职业技术教育,2003(5).

[25] 龙文军. 法国农业保险制度及经验. 世界农业,2003(5).

[26] 余海鹏,孙娅范. 法国农业产业化及其经验启示. 他山之石,1997(11).

[27] 周淑景. 法国农业持续发展的特征与前景. 世界农业，1996(11).

[28] 赖秀芳. 法国农业发展的经验与问题.

[29] 马四近. 法国农业发展工作的组织机构与职能.

[30] 李先德. 法国农业合作社. 世界农业,1999(3).

[31] 吴可立. 法国农业合作社的启示. 外国农业合作.

[32] 戴蓬军. 法国农业现代化法及其评价. 农业经济问题，1998(1).

[33] 王敬诚. 法国全国农业竞赛大会参观记. 巴黎通讯.

[34] 林红轮. 法国新农民. 世界博览,2004(8).

[35] 萧榕, 梓木. 关于法国农业合作组织的考察及对我国的几点参考.

[36] 李先德. 居马:法国农业合作社的一种独特形式. 世界农业,1999(1).

[37] 沈国华. 法国的养老保险制度及其改革. 金融与保险.

[38] 黄明杰,等. 法国的社会补充保险. 他山之石.

[39] 胡爱娣. 法国及欧盟养老保险改革. 中国社会保障.

[40] 龙志和. 法国社会保障体系. 环球瞭望.

[41] 杨燕绥. 法国社会保障制度概述. 社会保险研究,2002(11).

[42] 岳颂东. 法国医疗保险制度及其启示. 管理世界,2000(4).

[43] 刘子兰. 养老社会保险制度国际比较. 中国软科学,2003(5).

[44] 贾大明,李虹,马俊哲,黄志敏. 法国农业发展现状考察报告. 中国农垦,2006(2).

[45] 吴睿. 法国农业支持政策的演变及启示.

[46] 赴法国、意大利农业事业经费管理考察团. 法国农业事业经费管理考察报告.

[47] 袁志军,丁心奎,李德强,邓红亮. 法国、欧盟农业补贴政策及对我国的几点启示. 农业经济管理,2004(11).

[48] 刘飞. 法国的农业补贴政策. 政策与管理,2002(3).

[49] 陈炼涛. 法国农业现代化之路. 国外农机.

[50] 刘文璞. 现代日本农业——农业现代化中的经济和管理问题. 中国社会科学出版社,1983.

[51] 张文奎,等. 日本农业地理. 商务印书出版社,1987(7).

[52] [日] 农文协文化部编. 战后日本农业的变化. 农业出版社,1982(8).

[53] 岡部守,章政,等. 日本农业概论. 中国农业出版社,2004(5).

[54] 王汉民. 现代化的日本农村、农业、农民.河南农业科学,2004(8).

[55] 陈世忠. 走访日本农村. 乡镇论坛,2000(9).

[56] 杨艺. 浅谈日本农业信息化的发展及启示. 现代日本经济,2005(6).

[57] 韦桥送. 看日本农民怎样搜集信息. 农技服务,2004(7).

[58] 傅晨, 毛益勇. 兼业化: 日本农业的困境与启示. 世界农业,1998(8).

[59] 陈世忠. 日本农村见闻——在日本农村观感纪实. 河北农业,2000(9).

[60] 焦必方. 日本农村工业的发展及启示. 中国农村经济,1999(8).

[61] 乐栎. 日本农民市场营销奇招. 乡镇论坛,2001(11).

[62] 江瑞平. 市场开放背景下日本农户的经济状况. 现代日本经济,2004(1).

[63] 张文伟. 日本现代化过程中农民收入特点分析. 世界农业,2002(5).

[64] [美]埃德温·O·赖肖尔,马里厄斯·B·詹森. 当今日本人: 变化及其连续性. 上海译文出版社,1998(10).

[65] 玄松南,游修龄. 从中国看日本的稻米饮食文化. 东方博物,2004(4).

[66] 贺亚芹,隋国荣. 日本饮食文化琐谈. 辽宁工程技术大学学报(社会科学版),1999(6).

[67] R·林达福斯. 日本的家庭模式变迁. 国外社会科学,2006(1).

[68] 鱼小辉. 当代日本社会中的家庭与妇女. 中国妇运,1999(1).

[69] 王迎君. 日本家庭生活全接触——记我在日本的家庭访问. 日语知识,2002(10).

[70] 李水山,黄长春,李鹤.新世纪日本教育的改革与发展特点.职业技术教育(科教版),2005(34).

[71][日]远藤晃贤,李德方.日本的职业技术教育:职业高中的发展现状及改革.职教通讯,2006(4).

[72] 张德伟.日本基础教育的危机与新生.现代中小学教育,2002(10).

[73] 刘学智, 范立双.日本中小学教育中的个性化学习:经验、问题与启示.比较教育研究,2006(2).

[74] 曹能秀, 杨瑾.当代日本中小学道德教育实践研究的特色.云南师范大学学报(哲学社会科学版),2005(9).

[75][美]罗伯特·克里斯托弗著;陈如为译.大和魂.新华出版社,1987(8).

[76] 王慧.日本的农业教育体系.高等农业教育,2001(3).

[77] 李文英.日本农业教育的现状、特点及其启示.比较教育研究,2004(10).

[78] 复旦大学日本研究中心编.日本社会保障制度——兼论中国社会保障制度改革.复旦大学出版社,1996(4).

[79] 中国驻日使馆经参处.日本农村社会保障体系及其启示.宏观经济研究,2003(7).

[80] 陈建安.战后日本社会保障制度研究.复旦大学出版社,1996(9).

[81] 周建华.日本农业保险发展概述及启示.湖南农业大学学报(社会科学版),2005(10).

[82] 祁峰,刘海军.日本的社会保障制度及改革走向.经济纵横,2002 年(10).

[83] 日本农村把新郎抛下山.环球时报,2004-03-26(8).

[84] 昊天.现代日本农协.现代农业.

[85] 张秀娟,史建明.日本农协的特点、经验及对我国的启示.山东省农业管理干部学院学报,2002(1).

[86] 郭静,王树利,刘怀国.日本农协的诞生与发展.中国果菜,2003(6).

[87] 周静,周红,张德成.日本农协是怎样带领农民进入市场的.新农业,2002(2).

[88] 李培林.重新崛起的日本.中信出版社,2004(11).

[89] 王伟.日本家庭变迁与老年人问题.日本学刊,2001 年(1).

[90] 吕道坤.我在日本果园当农民——一个农业技术员眼里的日本农业.浙江日报,2005-11-19(7).